日本の心理療法
国際比較篇

秋田巌・名取琢自 編

新曜社

はじめに（各篇共通）

私の魂は、今、よろこびに打ち震えている。シリーズ『日本の心理療法』を上梓できる運びとなったからである。

私は一九八五年に精神科医となり、スイスのユング研究所留学を挟んで、九七年より京都文教大学で臨床心理学の教育に携わるようになった。そして、ふと気がついてみると「講義科目」に並んでいるものは西洋、あるいはユダヤ・キリスト教圏で生まれ育った心理学・心理療法ばかりなのである。日本で生まれ育った心理療法がないのであれば仕方がない。

ところが、である。日本には、森田療法・内観療法・生活臨床をはじめとして日本で生まれ育った心理療法（精神療法）が少なからず存在する。それがまったく教えられていない。臨床心理学教育に比べて精神医学領域においては、事態はもう少しマシで、きわめて不十分ながらも教育されている。が、臨床心理学教育、たとえば私の勤務する京都文教大学 ── 臨床心理学に携わる者なら概ね誰でもが知っている、その道の「有名校」である。日本の心理臨床学の礎を築いたと言える亡き河合隼雄先生が中心となって創立された大学でもある。質量ともに誇るべき陣容と教育内容を備えている――をしてこの状況。つまり、「日本の心理療法」がほとんど教えられていない。そして、この「異常事態」は全国的なものである。

しかも、摩訶不思議なことに、この異常事態を指摘・問題視する者がこれまでいなかった。そこで、二〇〇七年より、私は日本の心理療法とその背景にある日本的精神性の勉強を始めた。学問の特質上、本を読んでの理解では限界があるゆえ、それぞれの分野の専門家をお招きし、教えを乞うことを始めた。と、同時にそれを公開し、招聘した先生方にご講演をいただいたあと私とディスカッションをするという試みを始め、それをもって学生への教育としている。大学の理解と強力なバックアップを得て、かなり精力的に事にあたることができており、現段階で約六〇回の公演（講演）開催が実現しており、現在進行中でもある。

その延長線上で、人形浄瑠璃・文楽の桐竹勘十郎氏、歌舞伎の中村獅童氏、劇作家・演出家の平田オリザ氏を客員教授としてお迎えし、心理療法の背景をより多彩な角度から考察することも始めている。日本の心理療法、そしてその背景研究をさらに深めていくべく努力している。

研究に終わりはない。だが、このあたりで一旦の成果をまとめ、『日本の心理療法』シリーズを刊行することの意義はきわめて大きいと考える。日本の心理臨床教育場面において無視され続けてきた「日本生まれの心理療法」の存在と意義と教育の必要性を世に問うことができるこの試みはきわめて画期的なものだと自負している。

秋田　巌

序

本書『日本の心理療法　国際比較篇』は二〇一一年九月二三日に京都文教大学で開催されたシンポジウムをもとに、各シンポジストが後日あらためて練り直し、執筆した論考を収録したものである。

ただし「国際比較」とは言っても、単に日本の心理療法を諸外国の現状とを横に並べて比較したものではなく、時間的、空間的、そして、主観的関与の深さにおいて、かなりの広がりを持った内容になっている。

比較のなかで登場する主な国は日本、スイス、アメリカ、イギリスであり、大きく見ると日本と西洋諸国に根ざした文化とその影響力の比較になっている。中国も、リヒャルト・ヴィルヘルムを通してユングに影響を与えた国として、そしてクーグラーと樋口和彦が訪れ、新たな文化的展開の可能性を秘めた場所として登場している。

時間の広がりとして、一部を時系列順に挙げれば、一三世紀の親鸞と『歎異抄』、一六世紀以降の英国の歴史、一八七五年に始まるユングの生涯、夏目漱石の『門』（一九一〇）、一九二〇年代に始まる行動療法、一九五〇年代の認知行動療法、一九六〇年代以降の河合隼雄と箱庭療法、一九八四年の報徳会宇都宮病院事件から「精神保健法」（一九八七）、「精神保健福祉法」（一九九三）、ＰＳＷ国家資格化（一九九七）への流れ、一九九〇年代からの認知行動療法「第三の波」、そして二一世紀初めの「現在」まで、優に八〇〇年にまたがっている。西洋的思考法の端緒たるギリシア・ローマ時代、キリスト教のはじまり、グリム童話の起源も含めれば、更に広がりは増すであろう。

そして、主観的関与の深さの点から見ても、一方ではユングの心理学と東洋との関係の歴史学的解説（クーグラー）や、認知行動療法の歴史を辿りつつ東洋文化との新しい関係の兆しの紹介（遊佐）といった、主観的体験からは少し距離を置いた広い視点からの論考があり、また一方では執筆者の生身の体験を振り返り、その実感を込めて綴られた、イギリス文化体験（佐山）、「風土」のリアリティとの取り組み（吉村）、日本という異文化に身を浸しての論考（シェパード）まで、幅広い内容になっている。ただし、こうした「関与の深さ」は文体や論考のスタイルを反映したものでもあり、一見して客観的な記述がなされているからといって、それが「浅い」ということにはならない。そのような、主観的色彩を抑えた記述の奥に、やはり体験に根ざした思いが込められていることが行間を通して伝わってくる。

このように、空間的、時間的な広がり、主観的関与のスタイルや深度に厚みがあることは、心理療法の「国際比較」において、いかに多くの要素が絡まり関係し合っているかを反映しているように思われる。そして、これら空間と時間と主観的関与を三本の柱とする鍵概念は、吉村氏が詳しく論じている「風土」であり、普遍性に対置されうる概念である「局所性」、ローカリティであろう。

ひとつの傑出した文明が地理的制約を越えて広がっていくとき、その文明を生み出し、発信元となる「中心」と、その文明を受け入れ、影響を受ける「辺境」という二つの場所が定位される。一九世紀後半から二〇世紀にかけて、西洋の機械文明や「合理的」思考法は、圧倒的な力となって「辺境」の文化に上塗りされていった。二一世紀の今日では、インターネットの普及と生活必需化に代表されるように、西洋先進国の価値観や方法論は良いもの、皆が倣うべきスタンダードとして、グローバル化が推進され、ローカルなものは価値の低い、遅れたもの、文化の「ガラパゴス」のようなイメージを押しつけられ、スタンダードに従うか、滅びるかの二者択一を突きつけられているかのようでもある。

心理臨床においても、フロイトが精神分析学を打ち立てた当初から、人類普遍の原理の追究と、生活し、悩み苦しむ個人の個別性との間の緊張関係が存在し続けている。スタンダードな理解方法に偏ると、個人の局所性はまるで植民地のように、外から植え付けられた価値観や方法論に席巻され、上書きされてしまうことになりかねない。樋口氏は文化の発展する場所という光の面から「コロニー」を取り上げているのだが、「コロニアリズム（植民地主義）」にはこうした影の側面も存在するのである。樋口氏が敬愛するジェイムズ・ヒルマンも日本文化に深い関心を寄せていて、日本語という詩的表現やイメージ表現に優れた言語が、近代西洋心理学の粗い専門用語に席巻され、日本語がこころの探究に用いられなくなってしまうような、魂のコロニアリズムとでも言うべき事態に陥ってしまうことを危惧していた（ヒルマン、二〇〇五）。

ヒルマンは「アメリカ」とは何かをテーマに対談を行っており、局所性を考える上で非常に興味深い指摘をしている（Hillman & Sells, 1998）。ヒルマンの見解を筆者なりに要約すると次のようになる。アメリカ人ほど自国（アメリカ）とは何かについて不確かな感覚を持った国民はいない。フランスや日本の人は、フランスとは何か、とか、日本とは何か、ということを根本的な問題とか未知で不確定の謎として取り上げたりしない。フランス人、日本人にとって、フランスや日本は自明の如く、過去から継続して存在し、いまも存在し続けている確かなものなのだ。それが果たして存在するのか、とか、本当は何なのか、というようなアイデンティティを問う必要などない。しかしアメリカは違う。アメリカは移民たちが「自らが耕したことのない土地」に移り住むことで開かれた、まだその土地に根ざしていない国なのだ。アメリカでは多くの人が、ローカルな土地に根ざすことなく、住みよい場所を求めて、つねに移動し続けている。自分が住んでいる地域の山の名前や地名をあまり知らないことも珍しくない。そして町には判で押したように、ショッピングモールやチェーン店が並んでいる。ローカルなもの、伝統的な土着のものにはあまり関心が持たれていない。

これに符合することと筆者も出会ったことがある。筆者は共同研究者とともに「心理療法家の職業環境の国際比較」というプロジェクトで、世界数カ国の心理臨床家にインタビューを行った。インタビュー項目には、局所性を意識した項目、「あなたが活動しているこの国・土地の伝統や文化はあなたの仕事に影響していますか」という項目を加えておいた。ヨーロッパやアジアでは、何らかの影響がある方向での言及がなされたのだが、アメリカの調査協力者（心理臨床家）の回答は筆者らの予想を裏切るものであった。そのような影響はあまりないし、考えたこともない、との回答なのだ。自分たちは転勤して活動の場所を変える機会も多く、ローカルな特性を自らのうちに育てることなく、どの場所に行っても通用する原理、方法論を体現する方向で仕事をしている。だから、どの場所で行おうが、変わりはない、というのである。

近代西洋心理学のかなりの研究は、量的にいえば、その多くがアメリカの大学で、アメリカ人によって行われている。そして、そのデータ供給源の大半は、手近な協力者、大学生であったりする。だとすると、土着の、伝統に根ざした生活感というよりも、定住生活に入る前の、自由な未来を指向するありようが、現代心理学の基本データとして採用されていて、人間観にも反映されているかもしれない。自由に移動でき、観察主体も交換可能である、というのが科学的心理学の基本モデルだとすれば、そのモデルが有効な心理療法だとみなす方法も、地域に根ざした土着のものというより、局所性や歴史的経緯に左右されない、普遍的で汎用性の高いものを志向することになろう。

ここで反対に思い出されるのが、ヒポクラテスの医学である。「ヒポクラテスの誓い」のことは臨床領域に携わる人にはよく知られている。彼らが実践していた医術の記述を読むと、病いと「土地」との関わりを重視していたことがわかる。乾いた土地、湿った土地といった、患者が生まれ育ち、生活している土地の様相によって、体質や気質、発生しやすい病気も違ってくる。これが医師がわきまえておくべき基本的事実として記されている。ローカリティ、局所性、その土地の質を知ることが、医学の出発点であり、実践のための教えでもあったのだ。とすれば、本シンポジウムの「日本の心理療法」という発想は、この古代ギリシアの医学と視点を共有しているとみなせなくもない。

日本にユング心理学とその深層心理学に根ざした心理療法を導入した第一人者であり、京都文教大学の学術顧問でもあった河合隼雄も、こころの文化の局所性を尊重していた。一九九五年、阪神淡路大震災のさい、筆者はヨーロッパのある国の災害時のこころのケアの専門チームから、派遣要請をしてもらえれば、救援にかけつけることができる、との打診を受けて、学会の代表を務めていた河合隼雄に相談したことがある。氏は真摯にこれを受けとめ、対応してくださったのだが、留意すべき大事なポイントとして、こう言われた。「日本の文化をよくわかっている人に入ってもらわないと。西洋のものをそのまま持ってきてもうまくいかないかもしれない」と。これは西洋の知を学び、その価値と威力をよく知る氏の言葉であるがゆえに、格別の重さをもって筆者のこころに今も響いている。

本書を貫くもう一つのテーマは、異文化との葛藤である。日本という「局所」で育ち、そのローカルな文化を身に纏った人間が、異なる土地、異なる文化のなかに身を投じて、生活し、その場所に根ざした心理療法を学び、実践するとはどういうことなのか。異文化は、旅人として、お客として触れるときは、魅力的で、心地よい驚きに満ちたものになるかもしれない。しかし、その地、その文化のなかで「住む」ことになると、お客さん扱いでは見えてこなかった厳しく悩ましい面に遭遇することになる。日本の心理療法の進展に寄与した先人達の多くは、外国で当地の心理療法を学び、日本に持ち帰る経験をしている。その過程では、異文化との（必ずしも心地よくない）直面があり、そこからあらためて自分が属している文化を発見し、意味を問い直す作業が行われ、そこから心理療法を日本で行う上で考慮すべき点が見出されたことであろう。土井健郎の「甘え理論」も河合隼雄の「母性原理」「中空構造」「場の倫理」論なども、異文化との接触から生まれた着想とみなすことができよう。こうした理論は、その成果は論文や著作で触れることができるが、着想のもととなった経験そのものはあまり詳しく語られないものである。佐山氏のイギリス体験、シェパード氏の日本文化体験、そして、吉村氏の「風土」体験はそれぞれが生身のリアリティに根ざしており、追体験できるかのような迫力に満ちている。

ところで、「心理療法」という営みを「局所性」や「コロニアリズム」を鍵概念として捉え直すことも可能かもしれない。誕生の時、家族や土地を自分で選ぶことはできず、新生児として、その人間関係や環境の中に生まれてくるしかない。個人であるということには、「局所性」を引き受け、受け入れるということも内包されているのである。そしてたとえば、自らの局所性を無視したり、見失ったりしたまま、外から押し寄せてくるスタンダードなものに追従したり、侵入されたりすれば、どうなるであろうか。それはおそらく個人の魂にとって、危険な事態であろう。ユング心理学の「個性化」や「自己実現」は、個人の局所性と普遍的なものとの緊張関係が不可避であること、そしてそれらの妥協や相互理解に向かうことに生産的な価値があることを意味しているとも考えられる。

各論考は、日本文化や日本の心理療法を身をもって知っている心理臨床家が、それぞれの実体験をもとに、日本の心理療法とその「国際比較」を見つめながら言語化したものであり、一見すると「日本の心理療法」

があまり直接表面に姿を見せていないように見受けられるものもあるかもしれないが、「局所性」あるいは「風土」をキーワードとして補助線を引いてお読みいただければ幸いである。

最後に、シンポジスト・執筆者の樋口和彦氏は二〇一三年八月二五日に逝去された。クーグラー氏の招聘にも尽力くださり、暖かくユーモラスな語り口で日本の心理療法と世界の行く末について、貴重な手がかりを含んだ論文を寄せてくださったことに心から感謝したい。

名取琢自

文献

Hillman, J. & Sells, B.（1998）*America: Conversation with James Hillman and Ben Sells.* Spring Publications.

J・ヒルマン／名取琢自（訳）（2005）心理学のいとなみ：錬金術のイメージ世界．『臨床心理研究（京都文教大学心理臨床センター紀要）』7, 73-82.

ヒポクラテス／小川政恭（訳）（1963）『古い医術について：他八篇』岩波文庫

目次

第五章　日本体験の再発見
――海外の心理臨床家との出会いを通して

第六章　国際的に見た日本の心理療法

第七章　西洋のサイコセラピーと東洋の心性

第八章　日本的風土と精神科医療の出会い

■装幀　虎尾　隆

国際比較篇——風土・物語・局所性

第一章　分析心理学における東洋と西洋の出会い

――国際的な視点から

ポール・クーグラー

こんにちは。お話をはじめるにあたってまず申し上げたいのは、本日この場にご一緒できること、そして本シンポジウムに参加できることをたいへんうれしく思うということである。本日のシンポジウムの題名を最初に目にした時、私に果たしてどんな貢献ができるのだろうか、と思った。私は日本的精神性の専門家ではなく、日本の心理療法の専門家でもない。しかし、私はユング派分析家であり、また歴史家でもある。そして私には、「国際的な視点」に立って、また分析心理学初期の歴史がどのようにして後の東洋と西洋の学術的交流のための重要な基礎を築いていったのかについてなら、今日お話しできることがある。

●分析心理学初期の歴史

分析心理学初期の歴史は一九世紀後半のスイスに遡る。

ユングは一八七五年に誕生し、一八九〇年代半ばに、同名の祖父も通ったバーゼル大学医学部に通った。

図１　ユングがいたバーゼル大学医学部教室
1896～1897年冬学期(2)

上（図１）は一八九六から九七年にかけての冬学期に撮影された医学部の教室の写真である。左下に髭をたくわえメガネをかけているのがユングである。これは典型的な医学部教室の写真で、教室の後ろには骸骨が写っており、また前列の生徒たちはそれぞれ人体の解剖学標本などを手にしている。医学部の最終学年にユングは専門を病理解剖学から精神医学に変更した。この決定はクラフト＝エビングの精神医学教科書（一八九〇年第四版）とそこに記されていた精神病の定義『人格の病い』を読んだことがきっかけであった。そのときはじめて、ユングは精神医学が人間のあり方の生物学な側面と精神的（スピリチュアル）な側面を融合させる医学の専門領域だと実感したのである。つまり精神の病いとは自然と精神（spirit）が衝突して心的現実を成立させる場所だと理解したのである。(2)

●ブルクヘルツリ精神科クリニック

バーゼル大学医学部卒業後、ユングはチューリッヒにある、当時ヨーロッパで有数の精神医学の訓練病院で

図２　チューリッヒ・ブルクヘルツリ精神科クリニック(3)

あったブルクヘルツリ精神科クリニック常勤医師として助手の職を得た（図２）。

ブルクヘルツリの院長であったオイゲン・ブロイラー（図３）は精神病的な障害に関する第一人者であり、「スキゾフレニア」（schizophrenia：統合失調症）という言葉を造ったのも彼である。ユングがブルクヘルツリで訓練を受けているときに、ブロイラーは彼の古典的著書『早発性痴呆または統合失調症群』を出版した（図４）。

今日我々に統合失調症（schizophrenia）として知られている病気はそれ以前には早発性痴呆（dementia praecox）と呼ばれていた。「Dementia Praecox」という名前は当時を遡ること三〇年前にエミール・クレペリンによって導入され、それは「早期に発症する痴呆（認知症）」という意味であった。ブロイラーは単一の統合失調症だけが存在するのではなく、偏執（妄想）病・破瓜病・緊張病というういくつもの統合失調症が群をなしていると考えていた。

図３　オイゲン・ブロイラー（1857-1939）[4]

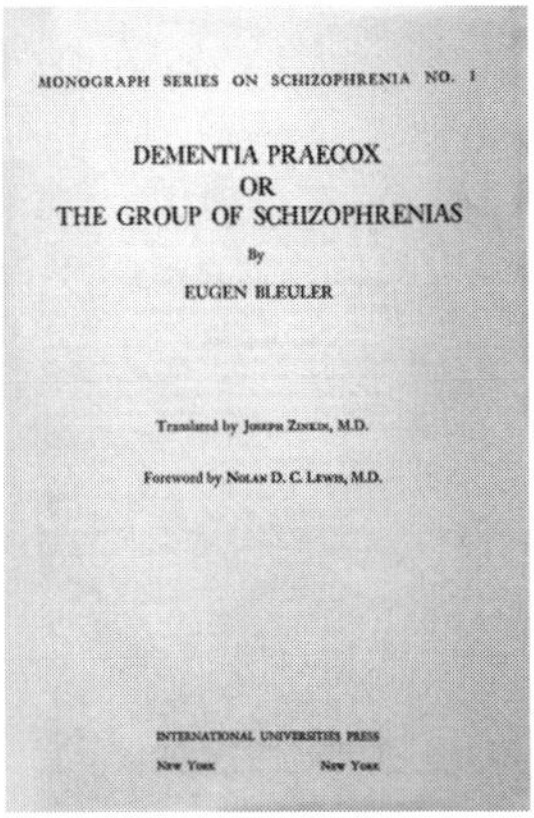
MONOGRAPH SERIES ON SCHIZOPHRENIA NO. 1

DEMENTIA PRAECOX
OR
THE GROUP OF SCHIZOPHRENIAS

By
EUGEN BLEULER

Translated by JOSEPH ZINKIN, M.D.

Foreword by NOLAN D. C. LEWIS, M.D.

INTERNATIONAL UNIVERSITIES PRESS
NEW YORK　NEW YORK

図４　オイゲン・ブロイラーの統合失調症に関する著書の扉

●ピエール・ジャネと心理分析

ブルクヘルツリクリニックでのユングは精神病と臨床実践の研究に没頭する。精神科助手の最初の六カ月間に、彼は当時最先端の精神医学に精通するために学術誌 *Allgemeine Zeitschrift für Psychiatrie*（『一般精神医学』）を五〇巻全て読破した。[5] 彼の興味は幅広く、新しい分野であった実験心理学からフロイトによるヒステリーの精神分析的治療や夢の治療的解釈にまで及ぶものであった。ブルクヘルツリクリニックで一年過ごした後に、ユングはピエール・ジャネ（図５）に実験精神病理学を学ぶため一九〇一年、パリに渡る。

傑出した医学歴史家のアンリ・エレンベルガーはジャネが最初の深層心理学者であったと示唆している。[7] ジャネはパリで哲学の訓練を受けた後に医学の訓練を受け、専門家生活の大半を学術的心理学と臨床医学の融合を図る仕事に費やした。一八八九年、シャルコーの招待によって彼はパリ最大の精神科施設であったサルペトリエール病院の心理学研究所長に就任する。一八九三年のシャルコーの死後、彼はフランスにおける精神医学界の主導的精神科医の一翼を担うこととなった。ジャネは「心理分析」（psychologicalanalysis）という名称のヒステリーの治療法を開発した。それは夢の解釈、心的外傷を原因とする固着した諸観念の分析、そして彼の造った語である「潜在意識」（subconscious）の探究から成るものであった[8]。

ユングはジャネに実験精神病理学と心理分析を学び、一九〇二年に再びチューリッヒのブルクヘルツリクリニックに戻る。パリ滞在中にユングは周囲の新奇な風景を、記述だけでなく、イメージ（絵画）として記録するようになる。

下の風景（図6）はユングが一九〇一年に描いたものである。この絵画の裏には、この絵画を描いた日付と、これが一九〇一年一二月に母親に贈られたことがユングによって記されている。十年近くユングは外の風景を描き続けたが、当時はそれに心理的な意義をまったく見出していなかった。

図5　ピエール・ジャネ（1859-1947）[6]

図6　ユングによる風景画（1901年）[9]

一九〇二年にユングはチューリッヒに帰り、ブルクヘルツリクリニックの仕事を再開する。その翌年、彼は右の絵（図7）を描いた。

図7　ユングによる風景画（1903年）(9)

図8　ユングによる風景画（1904年）(9)

この絵に描かれている湖水はおそらくチューリヒ湖であろう。スイスアルプスの頂が背景の白雲から顔を覗かせている。ユングはボートセーリングをこよなく愛し、成人後の人生の大半をチューリヒ湖畔の家で暮らした。

ユングはブルクヘルツリクリニック在任中に右頁下の絵（図８）も描いている。この絵もチューリヒ湖の風景だが、丘の上から湖を見下ろす視点で描かれている。

●実験精神病理学研究所

一九〇四年に、ユングは同僚のフランツ・リクリンとともにブルクヘルツリクリニックで実験精神病理学研究所を立ち上げ、単語連想検査（the word association test）として知られている実験手続きの実施を開始した。単語連想実験のデザインはとても単純であった。連想を促すための百語の単語リスト、各反応時間を計るためのストップ・ウォッチ、そして身体的諸反応を測定するためのポリグラフを用いることで、ユングは実験時に[10]当人のなかで賦活される特定の心的動揺やさまざまなコンプレックス

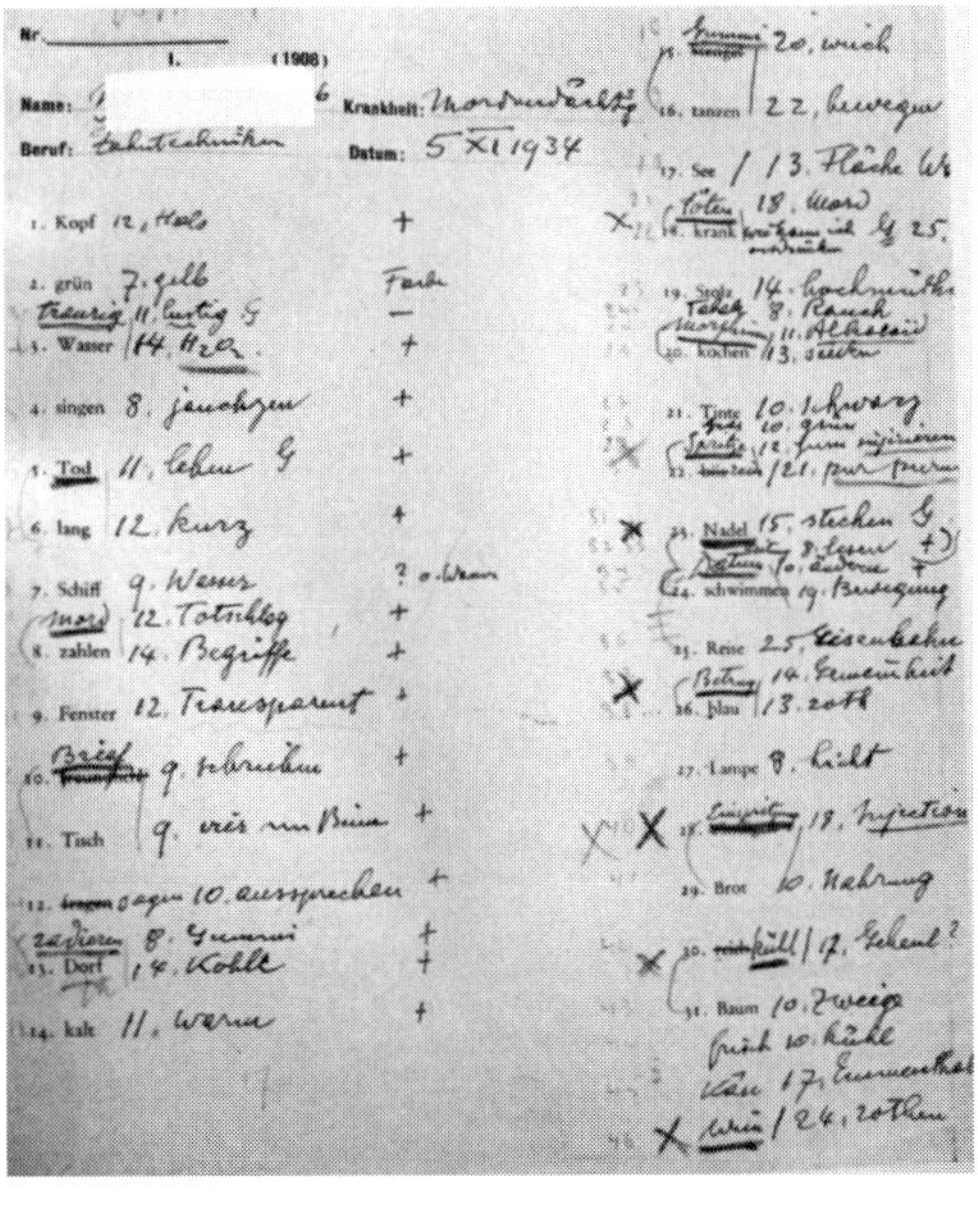

図９　1908年の単語連想実験の記録用紙（部分）[11]

を検出することができたのである（図9）。このような反応は司法的にも臨床的にも意味のある診断的価値を持つことが証明されたのである。

実験状況において、この検査を受ける人は、「頭」「緑」「水」「母」「長い」「火」などといった、単純だがなにかを喚起するような標準リストから示された刺激語に対して、思いついた最初の言葉を言うように指示される。すると、特定の刺激語に対して、当人が正しく聞き取れなかったり、反応に時間がかかり過ぎたり、笑ってしまったり、咳をしたりといった、症状のような反応が繰り返し生じたのである。ユング以前の研究者たちはこのような事象は「エラー（誤り）」、つまり実験にとっての「汚れ」にすぎない、破棄すべき逸脱であるとみなしてきた。その現象の心理学的意義が見過ごされていたのである。しかしユングは実験データからそれとは異なる理解を導き出した。自らの知識として蓄えていたフランスの解離論者たちの精神病理に対する伝統的理解とフロイトの錯誤行為に関する研究（一九〇一年『日常生活の精神病理学』）を融合させることによって、ユングはこれらの精神的動揺が単なる実験上の逸脱現象にとどまるものではなく、それは無意識の情動的要因、つまりコンプレックスの存在を示すものであり、それらコンプレックスは一度賦活されると、自我意識から相対的に自律した形で機能するのだと理論づけた。ユングの手によって、単語連想実験は強力で有用な道具と化したのである。ひとつの研究法として用いるだけにとどまらず、診断と治療の補助手段としても利用することで、ユングとリクリン、その他チューリッヒの同僚たちは、ヒステリー、うつ病、統合失調症、

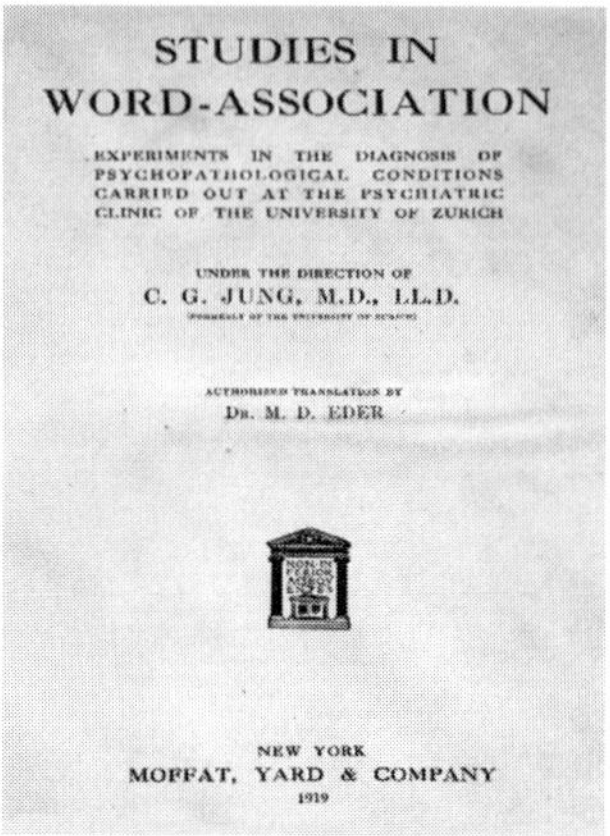

図10　ユング著 *Studies in Word-Association* の扉[6]

社会病質（ソシオパシー）などさまざまな精神障害を分析しえたのである。精神科医のみならず一般の人にも知れ渡るようになったコンプレックスが発見されたのだ。[12]

ユングの単語連想研究の成果は後に *Studies in Word-Association* と題する著書として出版された。[13] この本の表紙にあるユングの名前には医学博士（M.D.）の次に法学博士（LL.D.）と記されている[14]（図10）。

連想実験を用いた初期の仕事からユングは数多くの成果をあげているが、その中でも特に重要な内容がこの著書の一つの章に記載されている。それは「連想、夢、そしてヒステリー症状」と題する章であり、そこでは言語反応の乱れ、夢のイメージ、そして転換症状、それぞれの関係が検討されている。単語連想実験の中で、連想の連鎖を妨害することで、情緒の色合いを帯びたコンプレックスの存在が明らかになったわけだが、それと同じものが実は記憶障害を引き起こし、物理的には身体症状として顕在化し、精神的には夢のイメージとして現れるというのである。

現存在分析の創設者であるルートヴィッヒ・ビンスワンガー（図11）は、ユングの指導のもとで医学博士論文を書いた。彼らの研究は、「真実を言わないことに結びついた心的葛藤」が、皮膚電気抵抗の変化と呼吸数の変動という形で身体的に顕れることを実証した。ユングとビンスワンガーは単語連想実験中に生じるこれらの身体的変化を精緻に測定する実験方法を編み出したのだ。この新しい測定方法が後に、司法精神医学への大きな貢献である、嘘発見機の発明へと結びつくのである。[14]

図11　ルードヴィッヒ・ビンスワンガー（1881-1966）[6]

●ジークムント・フロイトと国際精神分析学会

一九〇五年にユングはチューリッヒ大学の精神医学講師、そしてブルクヘルツリクリニックの主任医師に就任する。翌年、ユングはウィーン在住のフロイト（図12）と、六年間に及ぶ文通を開始した。その間、ユングとフロイトは多数の手紙のやり取りを行い、その流れでユングは一九一〇年に国際精神分析学会の初代会長に就任することになる。ユングの単語連想研究はフロイトの精神分析理論と当時最先端の精神医学研究を引き合わせたのである[15]。

一九〇九年、両者は揃ってマサチューセッツ州ウ

図 12　ジークムント・フロイト（1856-1939）[6]

図 13　1909 年 9 月クラーク大学にて。後列：アブラハム・ブリル、アーネスト・ジョーンズ、シャーンドル・フェレンツィ。前列：フロイト、スタンリー・ホール、ユング[16]

スターにあるクラーク大学から講演をするよう招待された（図13）。招待したのはクラーク大学の初代学長であり、ウィリアム・ジェームズの指導を受けハーバード大学から心理学の博士号を取得したスタンリー・ホールであった。またそれはアメリカで最初の心理学の博士号であった。フロイトの招聘は彼の精神分析に関する理論に基づくもので、これにより名誉博士号を授与された。ユングが招待されたのは、彼の司法精神医学に関する先駆的な研究のためであった[17]。左上（図14）に示すのはユングによる嘘発見機とポリグラフのスケッチである。ユングはLL．D．つまり法学博士号を授与された。

図14　ユングによるポリグラフ。嘘発見機第1号のスケッチ[18]

クラーク大学でユングは、著名なアメリカ人心理学者でありハーバード大学教授であったウィリアム・ジェームズ（図15）に出会う。ジェームズはハーバード大学にアメリカ初の実験心理学の実験室を立ち上げたことも

図15　ウィリアム・ジェームズ（1843～1910）[6]

あって、ユングのブルクヘルツリクリニックにおける実験精神病理学の研究や彼の実験室に関心を抱いていたのである。

ユングとジェームズは友人となり、ユングはハーバード大学へ講師として招かれる。そこでユングは初めて「元型」（archetype）という用語を使った。そして一九三六年にユングは再びハーバード大学を訪れ、名誉科学博士号を授与された。

●ユングの自己実験――赤の書

一九一二年にユングの著書『リビドーの変容と象徴』が出版されたことにより、その翌年には理論上の決定的な確執から、フロイトとの決別へと至ることになった。フロイトの理論的方向性との葛藤は、ユングに洪水のごとく精神的反応を引き起こした。ユングはフロイトの理論モデルが狭過ぎ、十分に包括的でないという見解を抱いていた。それはあたかもフロイトの理論には居場所を見つけられずにいた心的内容が、突然ユングの心の中に噴出したかのようであった。ユングは自伝の中で、「抑えようとしてもとめられない雪崩のように、全てのものが私の上にのしかかってきた。……それは、フロイトの心理学……に居場所がもらえなかった心の内容がすべて爆発したものだった」と記している[19]。

このようにして、ユングが後に「自己実験」と名づけることとなった、六年間に及ぶプロセスが開始されるのである。この危機的な期間中に、ユングは自らの心的実験に関する個人的な覚え書きを小さな黒い革張りの手帳に記していた。彼は後に手帳の内容を大きな赤い革張りの自家製本に書き写し、それを『赤の書』と名づけ、彼の心的イメージを描いた多数の絵画を収録した（図16）。何年かの後に、ユングは「外界について描くことは、外から内界について描くのとはまったく異なった術（art）なのである」と記した[20]。この激動の時期に、ユングの絵画は外的な世界を描いた風景画から内的な魂の深みを描くものへと焦点を移したのであった。

晩年にユングはこの時期のことを自伝に次のように記している。

……私が自分の内的なイメージを追求していた歳月は、私の生涯において最も重要な時期であった。ほかのことはすべてこの時期から導きだすことができる。この時期にすべてが始まったのだ。したがって、その後の細かなことはほとんど重要ではない。私の全生涯とは、この時期に無意識から突然現れて、わけのわからない大きな流れのように私を圧倒し、今にも破壊してしまいそうだったことを、徹底的に検討し直すことであった。それは、ただ一人の人生のためにだけある以上の素材であり題材であった。その後のことはすべて、外的な分類、科学的精緻化、そして人生に統合することに過ぎなかった。だが、すべてを含むヌミノースな始まりは、この時期であった。(21)

図16 『赤の書』より (2009, p.155)(23)

●アクティブ・イマジネーション――ポスト植民地時代的臨床解釈学

一九一六年にユングは「超越機能」と題する小論の中で「アクティブ・イマジネーション」のプロセスを初めて記述した。アクティブ・イマジネーションについて最初に書き記したのが一九一六年だったにもかかわらず、この小論は四〇年以上も後の一九五七年、ユングが逝去する四年前になって初めて出版された。アクティブ・イマジネーションという治療的観念が開発されたことは、当初の精神分析的臨床解釈の手法とは違う方向への一歩として大きな意味があった。アクティブ・イマジネーションは夢のイメージ、ファンタジーの一片、あるいは強い情動を出発点として、空想上の対話に入っていく。それは『赤の書』の場合のように、言語や絵画を通じて行うこともあれば、粘土作品、あるいは表現的ダンス療法という形式をとる場合もある。ユングはそのプロセスを次の一節に記している。

> たとえばファンタジーをひとつ、つくりだしてみてください。あなたが利用できる手段すべてを駆使してそれに取り組んでみてください。あなたがそれ自身であったり、その中にいるかのように、あたかも逃れることのできない現実生活での状況の如くに取り組んでみてください。そのようなファンタジーの中であなたが乗り越えていく困難はすべてあなた自身が抱えている心理的困難の象徴的表現なのです。それをイマジネーションの中で乗り越えられただけ、心においても乗り越えられるということなのです。(22)

ユングはこの時期、個人的にも集合的にも心的生活に対する新たなオリエンテーションを発見するべく苦悩していた。我々は人間の心の内的世界において他者性に直面したとき、どうするのであろうか。我々は自らの魂の内容にどのように接近するのであろうか。他の一九世紀・二〇世紀初頭の探検家たちが外的世界においてせっせと新たな領土を発見し名づけていく最中に、深層心理学はそれによく似た作業を内的世界において行っていたのである。ジャネ、ブロイラー、フロイト、アドラー、ユング、フェレンツィ、アンナ・フロイト、そしてメラニー・クラインはこの時代の深層心理世界の大探検家たちだったのである。彼らの仕事は、この新発見された心的領土の命名、定義づけ、そして順序づけの作業を中心とするものであった。大発見時代の探検家たちが初めて自分と違う人や種族の異国性に直面したとき、彼らはその地の民を政治的には植民地化し、精神的には改宗を強いた。深層心理学においても当初は似たような姿勢がとられていた。無意識とそこにあった奇妙で異質な内容に接近するにあたって、フロイトは次の臨床原則に従った。すなわち「イド在るところに自我たらしめよ」。無意識的なものや心的な他者は、意識によって植民地化され、自我の機能に再編されたのである。

ユングがフロイトと彼の理論モデルから離別する一歩を踏み出した時、彼はまた、その根底に横たわっていた植民地的姿勢からも距離を取り始めたのである。『赤の書』でユングは以前とは異なる、新たなアプローチを取った。無意識をも専有して、心的「他者」を自我の自己愛的延長へと改変するやり方とは違い、アクティブ・イマジネーションは人間の心の内なる他者性との対話を開いたのである。

●自己——心の宇宙の中心

自らの個人的体験を通して、ユングは人間の心と現実についての臨床的理解を再検討していった。一七世紀のデカルト以来、西洋では外的世界が外的対象物によって構成され、それが自我や意識とは明確に区別されるものだと理解されてきた。

しかしユングは自身の心的内容を苦労して理解していくにつれて、彼は「内的世界」も同様に内的対象

図17　ユングが一九一七年頃に描いたフィレモンら心的人物像の精神的存在の絵画[24]

物や、その他の形式の内的主観性によって構成されているのではないか、と気づき始める。それはひとつひとつが外的世界の対象物と同じように客観的存在であり、自律した存在であると考えたのである。第一次世界大戦が終わりを迎えようとしていたこの時期に、ユングは後に「客観的な心」そして「心的現実」と呼ぶことになるものを発見する。自伝で彼はその発見を次のように記している。

私の空想の中のフィレモンやその他の像は、心の中に私がつくりだすのではなくて、それが自分自身をつくり出しそれ自身の生命をもつものが存在するという決定的な洞察を、私に痛切に感ぜしめたのである。フィレモンは私自身のものではないひとつの力を表していた。私の空想の中で、私は彼と会話をした。そして、彼は私が意識的には思っても見なかったことをのべた。というのは、話をしていたのは私ではなく彼であることが、私にははっきりと観察されたからである。彼が言うには、私は考えをまるで自分でつくりだしたかのように扱うけれど、彼の観点からすれば、考えというものは森の中の動物や、部屋の中にいる人々や、空中にいる鳥のようなものなのだ。そして彼は、「あなたが部屋の中にいる人々をみたとき、あなたがその人々をつくったとか、あなたが彼らに対して責任があるなどとは思わないだろう」とつけ加えた。心の客観性、心の現実性について教えてくれたのは彼である。彼を通じて、私自身と私の思考の対象物との区別が明確にされたのである。(25)

軍に入隊していたとき、ユングは毎朝手帳に小さい円形の絵をスケッチすることを始めた（図18）。これらの絵の内容はその時々の彼の内的な情動状態と対応しているようであった。私たちの日常の心的体験は一定の同じ形のものではなく、時とともに変動し変化するものだ。徐々にユングは彼自身の中で日々生じていて、こうしたスケッチに反映されるような、微妙な心的変容を観察し始めるのである。

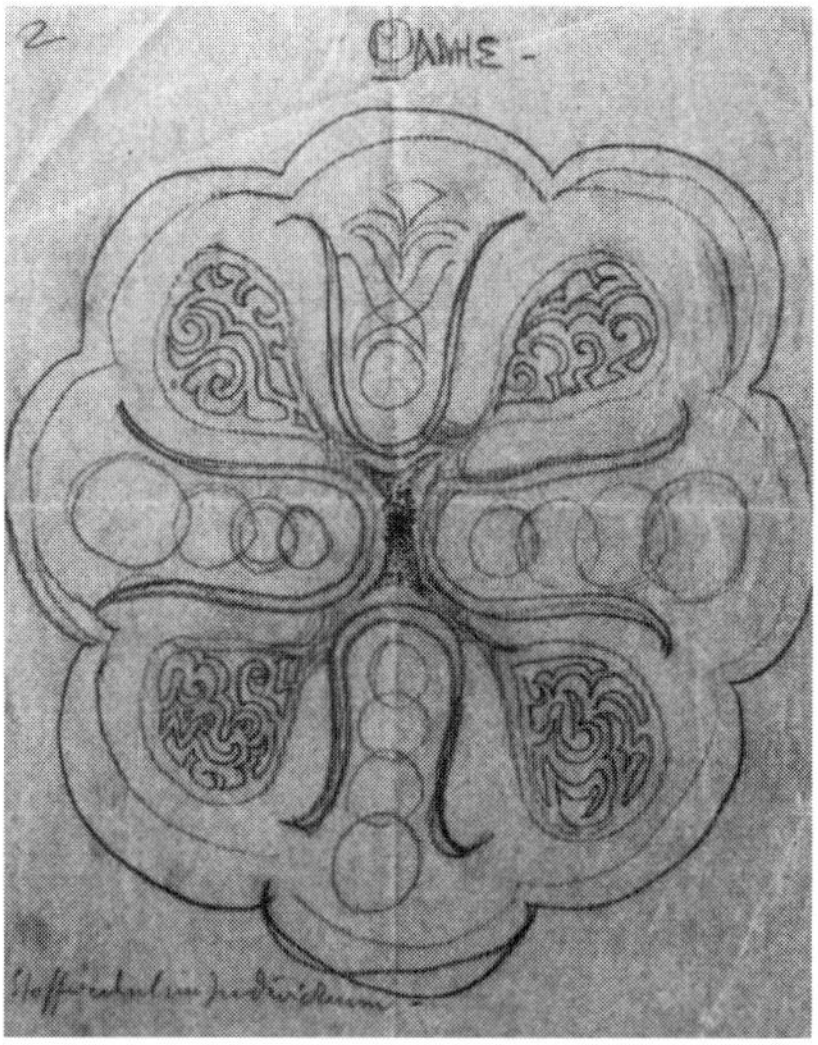

図18　ユングの最初の曼荼羅の鉛筆スケッチのひとつ(26)

彼は後に鉛筆のスケッチ画をより本格的な絵画に仕上げていった（図19、図20）。ユングは自身の曼荼羅を、意識の活動のみならず、彼自身の心全体の現状を反映していると記している。

自身の個人的な仕事の成果と理論的オリエンテーションが試練を受けていた、ユングにとって危機的なこの時期に、彼はより壮大な心の源泉であり、そこから意識が誕生してくる源のように見えるものを発見していったのである。

ユングは自我が心の宇宙の中心ではないことに気づき始めた。時とともに、より深い、より精妙な中心が現れ始め、それが新たな心的方向感覚や権威の感覚をユングに授けるのであった。

このより深い中心との関係を深め、信頼感が高まっていけばいくほど、ユングの症状的感覚は軽減し、より心が統合された感覚を抱くようになった。このより深い中心とつながることは治療的な意味合いを持っているようであった。

ユングは自伝でその体験を次のように記している。

自我が最高の位置にあるという考えを棄てねばならぬことが立証されてきた。結局のところこのような考えを維持しようとしたとき、私は急にさえぎられたのだ。「変容の象徴」において私が始めた神話の科学的な分析

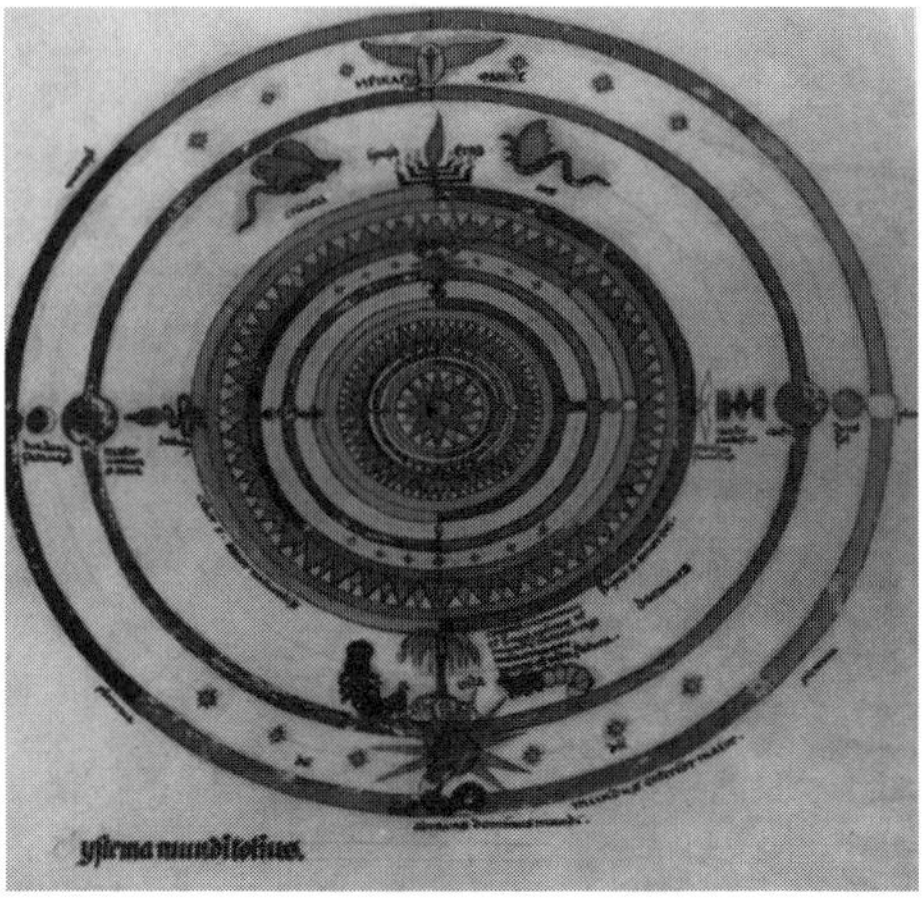

図 19　ユングが 1916 年に描いた最初の正式な曼荼羅画(27)。『赤の書』2009, p.364 参照

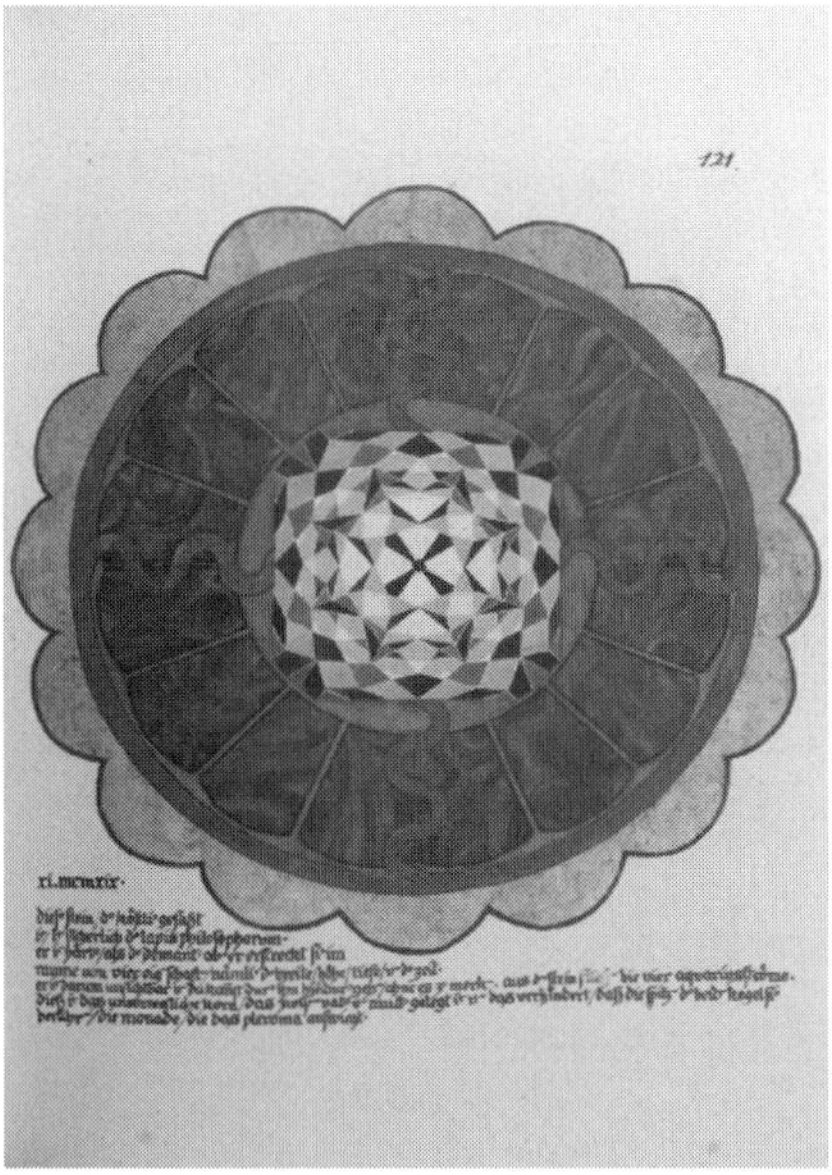

図 20　『赤の書』2009, 図 163.(28)

を、続けてゆきたいと思っていた。それは未だに私のゴールであった——しかし、私はそれを考えてはならないのだ。私はこの過程をつき進まねばならないと強く感じていた。私は自分がどこに連れ去られるかを知らないままに、その流れの中に身をまかさねばならなかった。しかしながら、マンダラを描き始めてからは、すべてのこと、私が従ってきたすべての道、私の踏んできたすべての階段は、唯一の点へと導かれていることが解った。マンダラは……中心への、すなわち個性化への道であることが段々と明らかになってきた。(29)

ところで、ユングが発見していくこの新たな中心とはいったい何であろうか。自我よりも上位に位置づけられるような内的主体とはいったいどのようなものなのであろうか。ユングは自我をより深い主体、すなわち意識を超越した主体と結びつける心理的プロセスを発見していたのである。

図21　近代天文学の父・コペルニクス（1473-1543）(6)

一六世紀にコペルニクス（図21）は我々と太陽系との関係を逆転することによって、ルネッサンス時代の宇宙論に革命をもたらした。当時の伝統的な天文学は太陽が地球を周回すると教えていた。コペルニクスはその逆が正しいと証明することによって宇宙論をひっくり返したのである（図22）。

地球が太陽を周回しているのだ。自身の個人

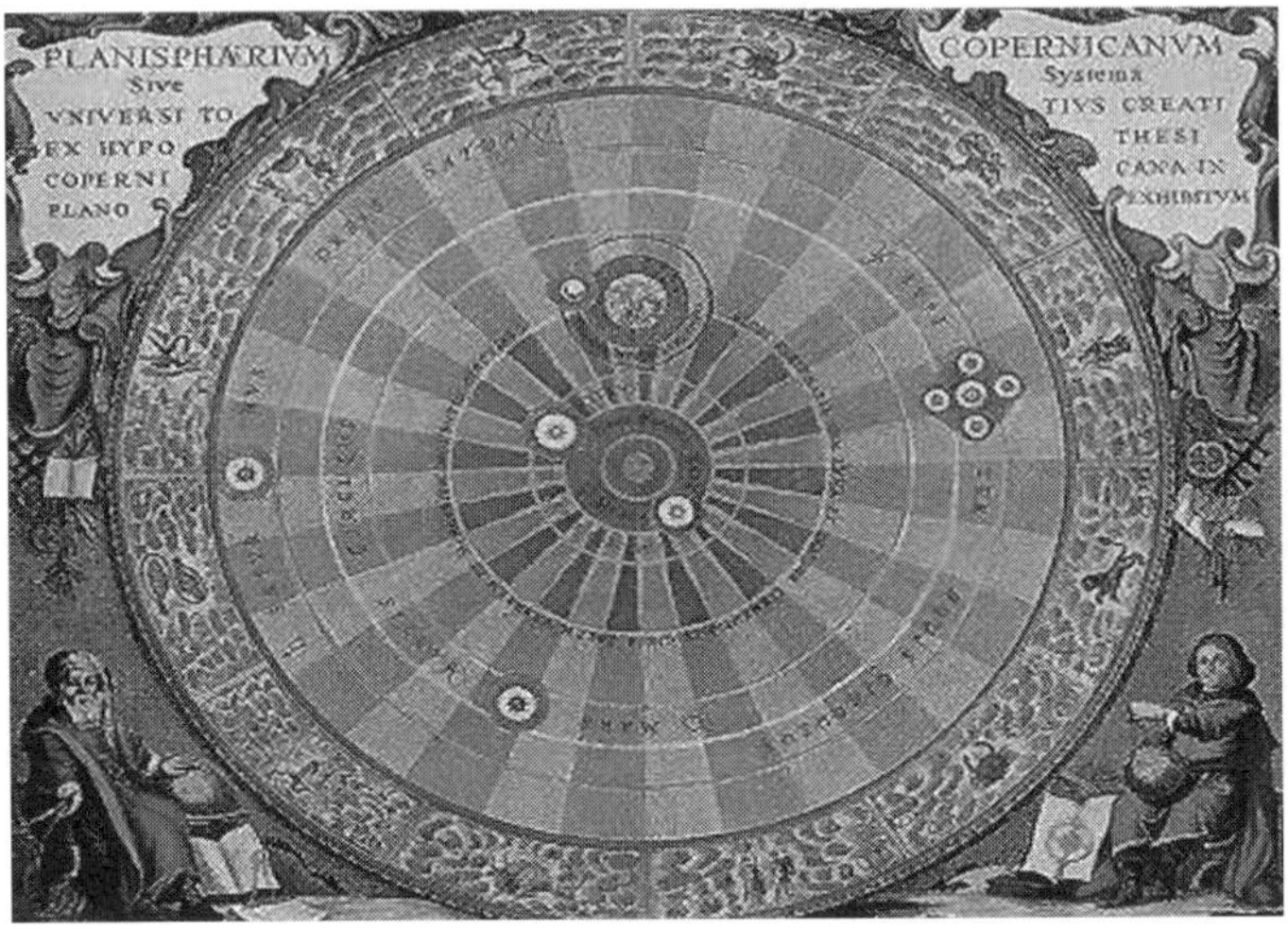

図22　コペルニクスの宇宙の新モデルを表す初期の図版(6)

的体験を通して、ユングは西洋思想における新しい考え方を編み出そうとしていた。彼は心的宇宙により深い中心が存在することを発見し始めていた。それは意識を越えた存在であり、デカルトの「コギト」、つまり認識の主体を超越する存在だったのである。この新しい中心であり、内的な太陽をユングは後に、「自我」や「意識」と区別するために「自己」(self)と名づけたのである。

　ユングは、人格の上位にある中心を記述するために「自己」という用語を、彼の著書『心理学的類型』(一九二一)で初めて用いている。(30)

　自我(the I)は単に私の心の領域の中心であるゆえ、諸々のコンプレックスの中の一つにすぎない。それゆえ、私は「自我」と「自己」とを区別する。なぜなら、「自我」は単に私の意識の主体であるにすぎず、「自己」は私の全体性、すなわち無意識的なこころも内包したすべての主体だからだ。(31)

●東洋思想との対話を開く

約十年後、ユングは、自己が人格の上位的中心をなしているという、彼の中で発展してきた考え方を確証づける夢をいま一つ見たと記している。その体験にとても感動した彼は、その夢を一枚の絵に描いた（図23）。中心には黄金の城が描かれている。

ユングはこれを描き終えて、「この絵はどうしてこんなに中国風なのだろうか」と自問した。ユングは「私にはひどく中国風に思われる形や色彩が印象的だった。もっとも、表面的には何も中国風なものはなかったのではあるが」と記している。(33)

図23　ユングの1928年の城の絵(32)

まもなくして、ユングはリヒャルト・ヴィルヘルムからの手紙を受け取るが、そこに同封されていたのは道教の錬金術秘伝書である『黄金の華の秘密』の原稿であった。彼はその原稿を一気に読み通した。その書はユングの曼荼羅と中心周回（circumambulation）に関する着想に、それまで夢にも思わなかった裏づけと確証を与えてくれるものであった。(34)

リヒャルト・ヴィルヘルム（図24）は中国の内的世界のマルコ・ポーロと称されている。彼は西洋人として初めて中国文化に身を投じ、流暢な中国語を身につけ、そして数多くの聖典の翻訳を通して、中国の広大な精神的・神秘的伝

図24　リヒャルト・ヴィルヘルム（1873-1930）(6)

統を西洋世界に解き放ったのである。ヴィルヘルムの翻訳した千年前に書かれた道教の遺稿を見て、西洋思想における新しい発想だとユングが確信していたことが、実は東洋哲学においてはとても古くからある考え方だとわかったのである。その道教の錬金術文書には曼荼羅のような絵が描かれており、意識を越えた、より深く、超越的な中心について語られていたのである。

黄金の城の夢を見た後のユングは曼荼羅を描くことに見切りをつけた。その夢とその後の絵画を見ると、ユングは、自身の精神と個性化について、より包括的な理解に到達するという深遠なプロセスを完成しえたように思われる。

●エラノス——国際的視点

一九三三年、最後の曼荼羅を描いてから五年後、ユングは分析における個性化と表現技法の心理学的意義を説いた最初の講演を行った（図25）。講演の題名は「Study in the Process of Individuation」（個性化のプロセスに関する研究）であった。これはスイスのアスコーナで開かれた記念すべき第一回エラノス会議で発表された（図26）。また、これは治療的分析と表現芸術療法を初めて包括的に統合した臨床例を紹介した講演でもあった。

エラノスはユングにとって講演を行う理想の舞台であった。エラノス会議とは、極東、中東、西洋それぞれの知的、科学的、美的、そして精神・神秘的伝統を結び合わせることを目的とするものであった。そしてこの会議の目標は、こころの様々な内的変容を学際的な視点から、ゆっくり時間をかけて徐々に描き重ねて行くことであった。ユングはその後二五年間に亘ってエラノス会議に参加し、宗教、思想哲学、文学、科学、心理学、医学に関する毎年の発表を通じて、世界中の著名な学者との絶え間のない対話を進めていった。

ユング没年の一九六一年以降も、エラノス会議は二七年間継続された。エラノス会議は一九八八年に正式に閉幕したが、東洋と

図 25　エラノス会議で講演するユング(35)

図 26　エラノス財団の 3 棟の建物。エラノス会議は 1933 年から 1988 年まで開催された(35)

西洋の対話、つまり国際的（inter-national）な視点は分析心理学において継続している。本日のシンポジウムもその一端ではないだろうか(36)。

文献と注

(1) Wehr, G.（1989）*An illustrated biography of C. G. Jung*. Shambhala. p.16

(2) Jung, C. G. & Jaffé, A.（1961）*Memories, dreams, reflections*. Pantheon Books. pp.108-109.［C・G・ユング、A・ヤッフェ（編）／河合隼雄・藤縄昭・出井淑子（訳）（1972）『ユング自伝：思い出・夢・思想』みすず書房］

(3) 前掲書（1）p.24

(4) チューリヒ中央図書館所蔵

(5) 前掲書（2）原著 p.112

(6) インターネット掲載写真より。

(7) Ellenberger, H. F.（1970）*Discovery of the unconscious*. Basic Books.［H・F・エレンベルガー／木村敏・中井久夫（監訳）（1980）『無意識の発見』（上・下）弘文堂］

(8) ジャネは次のように主張した。「ヒステリー症状は、隔離され、通常は忘却された、潜在意識的固定観念のために生じる。意識から切り離された——つまり「解離」された——それら諸観念は苦痛に満ちた体験を内包したものだが、意識の主要な流れから離れているおかげで自律的にふるまうようになっている」。Bliss, E. L.（1986）*Multiple personality, allied disorders, and hypnosis*. Oxford University Press. ジャネがヒステリーの治療法として心理分析を開発したのはフロイトとブロイアーのヒステリー研究（Studies in Hysteria）の四年前であった。ジャネは繰り返し、フロイトが精神分析の開発に自分の諸概念を「拝借」したと主張している（前掲書（7）Ellenberger, 1970, p.344、［エレンベルガー, 1980, p.467］、及び Watkins, M.（1998）*Waking dreams*. Spring Pub. のフロイトに関する章）

(9) Copyright. Erbengemeinschaft Jung, C. G., Küsnacht, Switzerland.（C・G・ユング相続人共同体）

(10) 原文では〈subject〉。この語は調査研究に協力してくれる人を指す言葉として適切ではないとみなされるようになり、現在では〈participant〉（参加者、協力者）が一般的に用いられている。連想実験は研究と治療の両方の文脈がありうるので、本書では「当人」と訳すことにした。（訳者注）

(11) Jaffé, A.（1979）*C. G. Jung, word and image*. Princeton University Press. Jung Institute Zürich.

(12) Jung, C. G.（1973）*On the doctrine of complexes*. In Collected Works, 2. Princeton University Press.［C・G・ユング／林道義（訳）（1993）「コンプレックス概論」『連想実験』みすず書房］、Jung C. G.（1966）*A review of the complex theory*. In Collected works, 8. Princeton University Press.［C・G・ユング／林道義（訳）（1993）「コンプレックス総論」『連想実験』みすず書房］を参照。ユングのコンプレックス理論は「潜在意識の固定観念」が心の中で自律性をもっているというジャネの考えに影響を受けている（前掲書（7）Ellenberger, 1970, p.406 参照）

(13) C・G・ユング／高尾浩幸（訳）（1993）『診断学的連想研究』人文書院

(14) Jung, C. G.（1957）*On the psychological diagnosis of facts*. Collected works, 1. Princeton University Press.

(15) Jung, C. G.（1961）*The Freudian theory of hysteria. Concerning psychoanalysis. The theory of psychoanalysis. Psychoanalysis and neurosis* and *Freud and Jung: contrasts*. In Collected works, 4. Princeton University Press.［C・G・ユング／林道義（監訳）（1991）「精神分析の一般的諸問題」「精神分析とノイローゼ」「フロイトとユングの対立」『ユング研究３：特集 初期ユング・ノイローゼ論』日本ユング研究会名著刊行会］

(16) Sigmund Freud Copyrights, Ltd., London.

(17) ユングはクラーク大学で「連想法」について三回の講演を行った。Jung, C. G.（1973）Collected works, 2. Princeton University Press.［C・G・ユング／林道義（訳）（1993）『連想実験』みすず書房］参照。

(18) チューリヒ大学医学史博物館蔵。

(19) Jung, C. G.（1956）Collected works, 5, p.xxiii. Princeton University Press.［C・G・ユング／野村美紀子（訳）・秋山さと子（解説）（1985）『変容の象徴：精神分裂病の前駆症状（第４版）』筑摩書房　p.v］

(20) Jung, C. G.（1966）Collected works, 16, p.102. Princeton University Press.［C・G・ユング／林道義（編訳）（1989）『心理療法論』みすず書房　p.53］

(21) 前掲書（2）原著 pp.178–194　C・G・ユング（1957）『赤の書』

(22) Jung, C. G.（1931）Letters, 23 April

(23) Jung, C. G.; Shamdasani, S.（Ed.）; Kyburz, M., Peck, J. & Shamdasani, S.（Trans.）（2009）*The Red Book　Liber novus*. W.W. Norton & Company. p.155.［C・G・ユング（著）、S・シャムダサーニ（編）／河合俊雄（監訳）、田中康裕・高月玲子・猪股剛（訳）（2010）『赤の書』創元社］

(24) Copyright, Erbengemeinschaft Jung, C. G., Küsnacht, Switzerland.（C・G・ユング相続人共同体）

(25) 前掲書（2）原著 p.183［訳書 pp.261-262］

(26) 前掲書（22）原著 p.361［訳書 p.409］

(27) 前掲書（22）原著 p.364［訳書 p.412］

(28) 前掲書（22）原著 figure #163［訳書も同じ］

(29) 前掲書（2）原著 p.196［訳書上巻 pp.279-280（一部改訳）］

(30) Jung, C. G.（1959）*The Self.* In Collected works, 9ii. Princeton University Press.［C・G・ユング／秋山さと子・野村美紀子（訳）（1980）「自己」『ユングの人間論』新思索社］、Jung, C. G.（1951）*Aion: Untersuchungen zur Symbolgeschichte.* Rascher.［C・G・ユング、M－L・フォン・フランツ／野田倬（訳）（1990）「自己」『アイオーン（ユング・コレクション4）』人文書院］参照

(31) 前掲書（22）原著 p.211［訳書 p.216］、Jung, C. G.（1946）*Psychologische typen, 10.* Aufl. Rascher.［C・G・ユング／林道義（訳）（1987）『タイプ論』みすず書房 p.466］（英文テキストにしたがい一部改訳）

(32) 前掲書（30）Jung, C. G.（1950/1959）*Concerning Mandala Symbolism.* In Collected works, 9ii. Princeton University Press.［C・G・ユング／林道義（訳）（1991）「マンダラ・シンボルについて」『個性化とマンダラ』みすず書房 p.168］

(33) 前掲書（2）原著 p.197［訳書上巻 p.280（一部改訳）］

(34) Jung, C. G.（1966）*Richard Wihelm: In memoriam.* In Collected works, 15. Princeton University Press.［C・G・ユング、R・ヴィルヘルム／湯浅泰雄・定方昭夫訳（1980）『黄金の華の秘密』所収「リヒアルト・ヴィルヘルムを記念して」人文書院］

(35) Eranos Archive より

(36) エラノス会議に日本から活発に参加した学者に、鈴木大拙、井筒俊彦、上田閑照、そして河合隼雄がいた。

第二章　心理療法における「美的なもの」について

樋口和彦

はじめに

この論文は二〇一一年九月二三日京都文教大学公開シンポジュームでおこなった同名の講演に新たに手を加えて論文形式として書き改めたものである。(編注1) したがって現在の時点で論者が長年考えてきた点をできるだけ鮮明に、これをよい機会として自ら摘出してみたいと考えた次第で、この壮大なテーマの一端に触れただけであり、これが大方の識者の興味を引き、新たな論争の広がりをもてば幸いである。

本論文の基本的な論点について

まず、本論文の基本的な立場について述べなければならない。これから主として取り上げるのは西欧の心理療法と比較して、わが国の心理療法がどのような独自性をもっているかを述べたものではない。すでに、わが国の心理療法としては森田療法とか内観法とか優れた東洋的特色をもつ療法について欧米の学会に以前から紹介されてきた。このような療法が日本人の心性に深く根ざし、またその治療的効果をあげてきたことは今日では識者に広く知られているところである。しかしながら、この論点は西欧の心理療法に対比してどのような日本文化的な特色をもっているかという視点からの評価であって、西欧心理療法の流れそのものの中で現在のわが国の心理療法がどのような特色をもった位置づけになるかという観点からではない。ここでは、できるだけわが国に導入された西欧の心理療法が、そのものの流れの中でどのような方向を目指すか、その行き着く先の帰結を探りながら、その特色を指し示しているかに論点を合わしたいと思っている。未だ機が熟さず論点が充分にはこなれていないが、今日の時点で若干の考えを述べてみたいのである。

基本的に「東」とは何を意味するか？

「西洋」に対して、つねに用いられる言葉は「東洋」である。このシンポジュームは今回ポール・クーグラー博士と一三日間共に中国四大学でのユング心理学学術訪問を終えた直後なので特に感じるのだが、一体この西に対する東とはそもそもどのような意味をもつかということを考えさせられる。西欧ではギリシャ時代にボスポロス海峡を隔てた東を太陽の昇るオリエントとして、「東」の国と名づけた。その後、アラブの国々、インド、中国を含め、多彩な文化と宗教を含めた広大な地域をただヨーロッパから東にある国々として全てを「東」の国、つまりオリエントと名づけた。わが国は極東、言い換えると「東」の極みの国ということになる。

中国は歴史的にも東の国として自ら標榜したことはない。中国は中国で、自らを中の国と称していた。むしろ、このヨーロッパから全て東を一括りにして特別視する視点が私には問題である。時に礼賛し、時に侮蔑し、いずれにしても「東」にはバイアスが懸かっているので問題なのである。一方今日の日本人の現代生活を見るとき、私は全く西欧現代文明にどっぷりと浸かっていて、「東」の国どころか全く「西」で、人々は西欧の文化の中で育ち、教育を受け、生活し、病んでいる。諸種の面でむしろヨーロッパの人々より、先端的な「西」の現代生活を享受していると考える。したがって、もはやどこにも「東」は水平の線上である地理的にはないのであり、むしろ垂直線の心理的な無意識の深層にしか存在しないといってよい。この点では、もはや西洋人も、東洋人も現代生活のうえでの区別は存在しなくなっている。

今日、ユング心理学の立場から言えば、日々の心理療法の現状では日本人の心理特性を考慮した日本的な療法をわが国の人々に実施すべきだとするのは時代錯誤である。すべては国際的な水準で我々の心理療法も測らねばならないのが原則である。したがって、ユング心理学においても国際ユング心理学会（ＩＡＰＰ）が国際的な基準から資格を認定し、教育組織を設定しているし、また、国際箱庭療法学会（ＩＳＳＴ）も同様で世界的レベルで心理療法の向上や発展を企図している。しかしながら、では全く一律の性格で各国が発展しているか、というと話は別である。それぞれは特色をもっているし、その特色が相互に影響し合って、世界の心理療法を今日では発展させ推進しているのである。

しからば、どのような点がその特色ある心理療法として、わが国では形作られてきたか、この点をいささかでも明らかにできればというのが、この論文の目論みなのである。

箱庭療法（Sandspiel Therapie）のわが国への導入について

ところで、ご承知の通り箱庭療法はスイスの児童心理療法家ドーラ・カルフ（Dora Kalff）がスイスで創始したので、この「Sandspiel」というのはもともとドイツ語表現である。(1) それがわが国に導入されたとき、日本語にどう訳されたかから話したい。つまり、河合隼雄がスイス留学を終えて、いよいよ日本へ帰る時、一九六五年秋、最初にユング心理学を日本に本格的に伝えようと図った。まず彼はどのような手順で導入するかを考えたに違いない。これを日本人に紹介するにあたって、もしいきなり最初から元型とか、個性化過程とかというユング心理学独特の概念をそのまま紹介したら、日本の人々は受けつけないだろう。ユング心理学体系全体は直ぐには人々に理解されないと考えた。当時、存在している心理学にしてはあまりにも神秘的で、わが国の人々が直ちに理解するのは難しいと推測した。そこでまず当時はユング心理学の中ではそれほど注目されていなかったこの「Sandspiel Therapy」を日本にあった伝統的な「箱庭」という言葉を使って、これを「箱庭療法」と訳してまず導入した。

現在、台湾でも、中国でもこの箱庭療法は、それぞれ「砂遊び療法」(2) と訳され、正式には「沙遊療法」と訳されている。遊は「あそぶ」で、沙はサンズイに少ないと書く「沙」を使っている。我々の箱庭療法では、ご存知のように砂は石偏に少という字の「砂」のほうを使っている。これについて今回の中国滞在で議論した。結果は漢字では砂には二種類あるという。一つは海の小さな砂、これがサンズイに小さいと書いた「沙」で、「シャ（沙）」と「サ（砂）」と違う。だから、砂は本来「シャ（沙）」である筈だというのがその主張である。つまり、そこで「沙遊療法」と訳したわけである。これは面白い論点で、中国の中心的指導者であるヘイヨン・セン博士（Dr. Heyon Shen）と一緒に、大いに面白くて熱のこもったディスカッションを今回してきたわけである。

ところで、中国と日本は歴史的にも、文化的にも多くの繋がりがあり、中国から多くのものを受けいれて、両者には互いに共通のものをもち、我々はそれを今日まで受け継いできた。しかし、実に古い時代、奈良時代とかは基本的に中国式であったが、その次の平安時代になってから、だんだんとカラーに日本的なものが入ってきた。つまり奈良時代などはほとんど中国スタイルで、中国文化の一部であったが、時代も下った鎌倉・室町になると、どんどん日本的なものが入ってくるわけである。これを文化的なフォッサ・マグナ（Fossa Magna）というが、このフォッサ・マグナというのはラテン語で、大きな切れ目を意味する(3)。そこに大きな裂け目が日本文化の中に起こっている。つまり、その鎌倉・室町時代に大きな文化的落差が起こって、いわゆる今日のわが国の人々の日常生活の隅々まで支配してほとんど無意識的に所持するようになったのである。

なぜ河合隼雄は箱庭療法と訳したか？

「Sandspiel」を文字通り翻訳すると、砂遊び療法になるはずで、そうは河合隼雄は訳さなかった。「箱庭」という言葉を使った。本来、彼はスイスのユング心理学研究所で心理分析家としての資格を取得して、帰国しユング心理学を本格的に導入しようと目論んでいたことは前に述べた。そのためにどうするのか？　彼は帰国前に私にも意見を求めていた。周知のようにユング心理学もフロイトの精神分析学もわが国にはすでに大正から昭和にかけて論文は数多く訳され人々には紹介されていた。例えば、人間のタイプの「外向性」「内向性」などはすでに人口に膾炙していた。ただ、それぞれの中核的な部分の夢の解釈の実際などは研修法を含めて詳細は紹介されていない。そのためには外国に留学してそれぞれの研究機関にある年月所属し、分析家としての教育分析を受け、クライエントとして実習を重ね、資格取得の最終試験に合格しなくては、真の習得にはならなかったからである。不幸なことにその後、世界を巻き込む大戦などがあり、長期の海外留学は不可能で、古沢平作などごく限られた数の分析家がわが国には存在するのみであった。河合隼雄はその第一号として帰国することとなったのである。

箱庭療法は「目を開けたまま見る夢」(4)の研究で、ユング心理学の基本である夢の解釈とは同一ではあるが、玩具という、目を開けたまま見るシンボルを使うので、ユング心理学の本格的な導入に先立って、まず箱庭療法を導入しようと考えたのである。

この元々の「Sandspiel」の言葉にはない箱庭療法の「箱」という場合、ではこれをどうイメージしたらよいか。単刀直入にいって、箱というのは上に蓋があるのを指すのか、また蓋がないものだけを箱というのか?という議論が当然出てくる。例えば、「箱詰め」というのは中に閉じ込めるという意味があり、箱庭療法ではこの箱は上が空いている箱で、カルフさんも英語ではトレイ(お盆)という言葉を使っていたように思う。では、なぜ河合隼雄はこれを箱庭と訳したか。これが中国滞在中に議論になった。現在、中国では、下だけあるのは受け皿であって、その上に砂や岩を載せて、木を植えるからむしろ鉢であるという。カルフさん流にいえばトレイであって、ボックスを使うと、英語訳では「Sand Box Therapy」になってしまうという。そこで、その両者はどう違うのかという議論になった。そこで私は発言し、日本では箱は上が閉じられた蓋のあるものだけをいうのでなく、上が開いていても箱という場合は広く日本にあると述べた。日本では、特に江戸時代には世にいう箱庭が盛んに作られるようになり、独特の形で上が空いていても箱庭とよんだのではないか。そしてこれは多くの人々に珍重されて、文化的に庶民に受け入れられ、箱庭は盆栽と同様にわが国では受け入れられ発展してきた(5)。勿論、これに加えて日本文化には全てを小さくするという特徴があるが、凝縮することによって、より美的に変化させたのである。小型で、緻密で、そして細部まで美しいということで、この特徴を私たちは考える必要がある。

心理療法における美的基準について

まず、心理療法をこの美的価値基準から見たらどうなるだろうか。私の見る限り、私のクライエントは決して姿や形は美しくない。むしろ病むことで汚く、醜くもなる。つまり、病人の姿というのは決して普通の美しさを持ってはいない。だったら一体どこに「美」があるのか。

わたしの患者（patient）の美がどこにあるか考えるとき、思い起こすことがある。先に述べたように日本に河合先生が箱庭療法を導入する機に、神戸の六甲山の上で意義深い一つの会合があった。この研究会に、日本の有名な哲学者の中村雄二郎先生が招待されていた(6)。そして、その人の発した質問を私は今でも覚えている。「河合さん、どうしてこんな美しくもない、ありふれた玩具を使うのですか?」と突然河合さんに質問した。私は思わず河合さんの顔を見ていたら平然として、「これでいいんです」と答えられた。それで、その時私がハッとしたのは錬金術の中でのプリマ・マテリアルという言葉を思い出したからである。つまり作業に使う最初の石、道端に転がっている石で、決して奇麗なものだけを選んで作業の対象としているのではなく、ありふれた、あるいは醜いものかもしれないが、普通の石。それが作業の最初になることを思ったから、河合さんも普通のありふれたものでいい、と言ったのだろうと私は了解した。以来、今日までなるべく玩具は業者の市販のものではなく、カンセラー自身で蒐集したもののほうが形態に大小があっても、そのほうが良いといってきた。(編注2)
それ以後、箱庭の歴史を振り返ると、この考えは今も受け継がれている。また、以下に述べるような特殊な時期もあった。それは、箱庭の中にあの美しい曼荼羅が出てくれれば、患者さんは治ると考えられ、頻繁に開かれた研究会では競ってこの曼荼羅作品を見せ合った、初期の頃のことである。また、その頃は砂の箱の中に頻繁に曼荼羅が出てきたものだ。その度に我々は驚き、その美しさに我々は一時興奮した。ところが以後、実際に続けてケースを最後まで見ていくと、曼荼羅が出たからといって、つまり美しく力強い曼荼羅が出てきたからといって、その患者さんが治るわけではない、ということが分かってきた。一体これはどういうことか？　その後、ケース全体の中でのこの曼荼羅の位置を考えないと、一概に喜べないという疑問が湧き、その反省からだんだん日本の箱庭療法はより深くケース理解へと導かれ、ケースの流れにも注目して全体から曼荼羅を理解するようになってきた。

エラノス会議のテーマについて再考する

この「東西の心理学」の融合は元来ユング自身がエラノス会議(7)（Eranos Conference）で提唱したもので、晩年の彼が非常に精力を使って参加した主題でもある。今回このシンポジュームでクーグラー博士が特に、ユング自身の心理学大系の中でその思索の全体が一体どうなっているか、その疑問に答えてくれて深い繋がりのあることを知ったのは私にとって収穫であった。彼はユング派の分析家であると同時に、また歴史家でもあり、私の中で今まで繋がらなかったところに歴史の光を当ててくれたし、独特の最近の写真術の発展の収穫をいれての発表は興味深かった。

また、ユング心理学のこれからの研究を考える時、今という時は貴重である。時代的に、まずユング自身が生きている時には、実は意外と研究が進まないところがある。例えば、患者さんのプライバシーの問題とか、あるいは、家族間の秘密の問題とか、いろいろと難点があって客観的な事実をなかなか究《きわ》めきれないところがある。しかし、だんだん時が経つと、例えば、双方のお孫さんたちが話し合って、ユングとフロイトの間の往復書簡を発表されるとか[8]、最近になってだんだんと事実関係の詳細が明らかになってきた。そこでこれに加えて、クーグラー先生は写真技術の長足の進歩を通して、一つ一つの写真を保存し、それを語りながら事実をつなげて、有機的なその全体に迫る新しい視点を開拓されていると思う。例えば、ユングがどのような方向性をもってどのように彼の心理学を発展させていったかよくわかる。

そのエラノス会議は「東と西の対話」として続き、これは既に終了してしまったけれど、今度はアジアで引き続き再開されて、さらには東からの視点でいま西の問題がユングの視点から解明されたら面白いと思う。例えば、西洋からみると、東洋は長い間、未開の植民地としていわば本国に従属させられてきた。心理学的にも同様である。意識という観点から、無意識を見ようとしてきた。それを、完全に逆転させようとしたのがユングであった。今回、私もご一緒に上海に滞在したが、上海はかつては欧米の代表的な所謂コロニィー（colony）であった。しかし、別の観点からみると、じつに意義深い側面が見えてくる。当時租界というインターナショナルな社会が作られ、文化的にも嘗て優れた文化的宇宙が存在したわけで、国家間の争いで一時的には破壊されたが、そこには国家を超えた人間共同の国際的な独自の文化が発達していたという事実もある。優れたピアニストもいたし、絵描きさんも、オーケストラも、ジャズ文化も花が咲いていた。多くの才能のある多彩な国際的な人たちが生活していた。そこには近代国民国家の枠を超えた国際的な人々によって独自の文化が発達していたのである。これをコロニアリズム（colonialism）というが、ある意味での世界性が発達して、いみじくもユングがアスコナ会議を開いた土地も、心理の丘（モンテベルディ）といってコロニーと称していた。「東」は、最初は辺境の地かもしれないが、やがて独自の文化を発達させ思想的拠点になるのである。そもそも植民地というのは元々ローマの時代のコロニーからきているので、両面の意味がある場所である。そこはローマ兵士や市民によって耕され、文化化された場所を意味し、それ以外の所はむしろ文化の及ばない場所でもあった。

たとえば、歴史をよく見てみると、今ドイツの大都市、ケルン(9)は貿易の中心になっているのは元々ローマの植民地として、そこから文化の発達した国際都市になった。ケルンはつまりコロンで、語源的に同一で植民地という意味である。そこに国際的な人々が住んで、自由貿易の中心になり、またそこからドイツ文化都市が発達していったわけである。それは境で囲まれている場所だが、囲まれているからこそ独自の高度の文化が発達したわけである。そういう積極的な意味で、これからの上海に私は今注目しているわけである。

絶対性・絶対的人格神の理解の重要性について

私は冒頭に日本人はすでに現代人で現代の西洋社会の中に一〇〇パーセント繰りこまれて生きているといった。自分自身もユング派の分析家として自身の教育分析、つまり夢の分析を受けてみて、痛切にわかったことがある。それは、如何に自分は既に西欧的な思考で生活しているか、そして教育的な背景は全く西洋人そのものであるか、東洋的な教養など殆どなかったことである。宗教的な信念や教養なども西欧的で、これは私が特別ではなくて大なり小なり皆同じであると思っている。その時、例えば、宗教的な西欧人の核心的な信仰や信念など、では我々はどの程度理解できているか、という疑問に出会うのである。これは心理療法を行なう場合、結構致命的な課題になると思っている。それを端的にいうと、絶対性の問題である。いくら西欧的な療法を取り入れることができても西欧的な信仰の核になる絶対的な人格的な神の存在を理解することなしに、基本を把握できないと私は愚考している。ここでは必ずしも絶対的超越的な人格神を信仰せよということをいっているのではなくて、その存在の理解の重要性をいっている。実はこれは日本人の心性に根本に関わっていて、またそれが日本人には一番不得意な面ではないか。

一例を示すと、日本の宗教史では昔から己の宗教のために殉教する人は稀であるという事実がある。宗教の為には滅多に日本人は死なない。もちろん、室町時代ぐらいから、いわゆる浄土真宗の門徒のように確かに自分の信仰に殉じた人は出たが、大方は殉教しない。そして、不思議なことに長崎のキリシタンだけは、自分の宗教のために死に、殉教したわけである。だから、日本人には全く殉教の歴史がないわけではなくて、できるけれども環境的に行なわれなかったといえる。これとの関連で考えてみると、ユング心理学で自己の概念のような超越的なものの理解はどうも困難である。心理療法の中でも絶対的な質の対立のようなものが出現したとき、どちら側かに立って一方と他の一方とが対立するような立場に自分をおくこと、それが困難で容易に融合したり、流れに任せたりしてしまう。つまり、意識の力の力量に差があるのである。人間と神との間には絶対的に超えられない淵があり、神はいつまでも神で絶対的に人間になれない。これが神の本質であると言う認識である。また、そこから様々な神が人間になる思想的な分派は後世派生するが、まず質的断絶が基本である。まず西洋の方々はそれを前提として考えていて、この絶対的な人格神との関係を肯定しようとしまいと、西欧人の思考の根底にはこれが存在していると私は考えている。

だから、ドイツ語でいう「Auseinandersetzung」という言葉があるが、アウスアイナンダー（auseinander）

とは「互いに」の意味で、ゼッツング（setzung）は「対立して立つ」ということである。そこにあるのは質的な裂け目や違いで、絶対的な裂け目である。前述のように神と人の間には、神は神、人間は人間で、人間は神にはなれないし、神は人間になれないという、そういう一つの絶対性の裂け目が横たわっている。だから「symptom」という言葉があるが、sym-というのは「共にする」の意であり、したがって、全く違うこの裂け目を橋渡しする、見える兆候が関係性となって重要になる。つまり発熱は兆候で、異常なものが現れて人間の目に見えるから、その異常性と対立しながら、関係するのが治療とか手当ということになる。したがって、そこには絶対的な隔たりが前提としてあって、全てが連続して理解されるものではない。この点特に注意したい。

イメージの遊び

そこで箱庭療法を例にとって、いったい何が箱庭療法という心理療法の中心にあって、その基礎になっているか、これを考えてみよう。私はその基礎には「遊び」があると思う。すなわち、「Sandplay」の「play」というのが最も大切な要素で、もっと突き詰めていうなら「イメージ遊び」である。もし、病をその現実だけをみるならば、さらにそれを厳密にみるだけであって、セラピーにはならない。しかし反対に、現実を見る時、理論なしに幻想だけを見てもセラピーにならない。その両者の皮膜的なところに、どちらにも偏らず、その中間を遊ぶように、つまり現実と想像の間を心が遊ぶように。そこで心理療法が生き生きとしてくるので、肝心な点がここにあるのではないか。

この会場である京都文教大学が創立され、カウンセリングセンターが発足した時、箱庭療法をまず導入した。発足時のセンターの治療室はそれぞれ臨床心理専門の教師の一人一人の先生たちに、我々のセンターの治療室は決して病院みたいに白い壁の部屋でなく、「どうぞご自由に室内の調度を全部お作りください。壁紙も、備品も、壁の掲げる絵も、机でも、すべて丸いのでも四角いのでも、箱庭を入れる先生は箱庭を、音楽療法やる人は音楽療法の機材を。壁の絵までどうぞ自由に選択してください」、とお願いした。つまり、それは病院の白い壁でなく、どの家の家庭にもある部屋のように、全部違う、趣味の異なる部屋を作っていただいた。その先生の趣味はこのセンターに今でも残っている。一つ一つみんな違う、趣味のいい家庭的な部屋ができあがって今でも使っている。(編注3)

その時、様々な心理療法の基本に関する議論も熱心に行なった。砂をどうするか、何処からもってくるか？などである。また、今でも記憶しているのは、一体砂とは何か。つまり、前述の小さな石が本当に砂なのか、買うべきものかとも。ある学生さんが言うには、砂は特別な砂でなければならない。たとえば、「須磨や明石の砂」、「琵琶湖の北小松」の浜の砂など曰く因縁、故事来歴のあるような、また歌枕にでるよう名勝の砂がいいという議論だったように記憶している。そのような砂が本当に患者の治癒とどう関係があったか、私には今もって分からないが、おそらく結果には関係はないかもしれないけれども、当時は関係者が苦心して砂を選び（たしか学生さんが取りにはるばる出かけたと聞いているが）、私にはこれは心理療法に備える治療者の真剣な態度の現れで、それこそ遊びの精神の現れではないかと思っている。つまり、たとえ思い込みであっても、イメージを大切にするという心構えは必要である。これは心という見えない世界を取り扱うとき、内的な世界がつねにそこに存在し、それが外界に投影されて力を持つ、そのためのイメージであり、これが決定的に重要性をもつということ。また、そのことによって治療中に価値の逆転、つまり治癒が起こるのではないかとも思う。すなわち、仮令《たとえば》病という醜さの中に真の美があるということである。

この美に対する価値の逆転を考えてみると、現代社会ではもはや古いものには価値が無く、新しいものに価値があると考える傾向がある。新品を珍重するが、実は古物にも価値が存在する。古道具屋に行き、江戸時代の文机があれば、これは高価なもの、そこに古さの価値がある。ここに茶碗が一つあるとして、その茶碗が欠けている。江戸時代に焼かれた利休好みの楽焼とか、一つ一つは古びた茶碗であっても、そこに新しい物にはない美しさがあるし、その価値は珍重される。その価値観には逆転があるし、簡潔の中に美が、古さの中に独特の美がある。また等伯や雪舟のような日本画には描かれていない余白の中にも美がある。ここに中国の絵画と日本の絵画の大きな差を指摘する人もいる[10]。すなわち存在する部分と存在しない非存在の部分、心理療法の見えない心の働きを加味して全体性（Ganzheit）を作り上げる、日本画がそこにある。ユングもそこに見えるものだけの完全性ではなくて、全体性を見ていた。

今述べた、長谷川等伯や雪舟という優れた画家も、日本美の極致を表現したが、これを見る人に想像させることによって全てを存在させた。この全体的に美を把握すること。これが今我々の必要としている美的な判断基準である。政治の世界、産業の世界、つまり現代世界では押し並べて、この人間世界の統一を守るために、倫理的基準によってそれをしようとしているが、じつは私の目からみるとそれはいまや破綻の淵にある。早い話が、我々の生活をよく見ると、じつは善と悪とがないまぜになっている場合も多くてなかなか判別のつき難いものが多い。つまり、善の顔をした悪もあるし、悪に容易に変化する善もあるので現代生活は厄介なものである。それを倫理的基準で裁くのは法であるが、それにだけ依存はできない。私がもっぱら携わっている心理療法は、見える世界と見えない世界に跨がっていて、その全体を取り扱うので、全体性という視点から考えるというのが私の立場である。

で、いうなれば、心理療法はある意味で人間の心の変容を取り扱う特殊な人間関係を基本とするといえる。

そして、この関係は特殊で、それにはまた初めがあって終わりがある関係で、親子関係のように初めがあり、終わりないものとは異なる。師弟関係には卒業という終わりがあるが、厳密にいうと本当の師弟関係には終わりはない。でも、本当の恋愛関係はどうか？　契約によって成立する心理治療というのはやや特殊な関係であるといえる。その中心主題は人格の変容であり、どうやってその特殊なセラピーという心理療法の中で、そのように変容が起こるか、その継起を見つけるか、ここが私には面白い点だと思う。

私が最近自分に対して発見したことは、日本語でいう「酔狂」という言葉がある。これは「酔っぱらって狂う」ことで、またもっと深い意味に使う。心理療法にはもともとこの要素がある。私もこの酔狂は好きで、これは良い意味でも、悪い意味にでも使われる。これは落語の『はてなの茶碗』にでてくるが、ある道具の目利きの名人が茶店でこの欠けた茶碗でお茶を飲んでいると、それを見て「はてな」と思い、すぐに真似てその茶碗を高価で買う人の話で、「あれはきっと、あの目利きは首を傾げたから、ものすごい価値がある」と思って損をするというたわいもない話だが、この価値観の逆転が面白い。価値というのは、秀吉が見た美と、それから利休が見た美とはまるっきり両極端で、金キラ金が彼には最高の価値と見えたが、利休には心の中にあるさらに奥深い美が見えたわけである。彼はその価値観のためにいさぎよく切腹をしたわけである。ここに日本人の美意識がある。これはある意味で酔狂で、他人から見ると、まったくおかしな話だと思われるが違う。

私の師ジェームズ・ヒルマン（James Hillman）は、彼の中心的な思想の中に魂の働きをみる。これは彼の元型心理学（Archetypal Psychology）[11]に現れているが、それは端的に言って、彼の思想の中核をなしているアニマ・ムンディ（Anima Mundi）という考えである。アニマは「心」ということで、「ムンディ」というのは世界のことである。つまり、我々は自分の心を自分で所有し、勝手にこれを変えることができると思うが、それはできない。たとえ、気持ち次第でどうでもできるような人の気分でも、じつは自分で勝手に変えることはできない。つまり、気分は向こうからくるもので、心も魂も同様に自分という個人が所有できるものではない。むしろ、人はその心というか魂の世界の中に、我々が住まわせてもらっているわけである。生きているのは、我々がその大きな魂の世界の中で生かされて棲んでいることを意味している。このことを我々がもう一度はっきりと認識することによって、心理療法もわが国の箱庭療法の道もこれから進んでいくと私は思っている。では、魂の世界にどう生きるか、私は今盛んに考えているところである。この独特の美的価値基準をもった日本の心理療法を世界に発展させていくのが私の夢である。（おわり）

文献と注

（1）Kalff, D. M.（1966）*Sandspiel: seine therapeutische Wirkung auf die Psyche.* Rascher.［D・M・カルフ／河合隼雄（監修）、大原貢・山中康裕（訳）（1972）『カルフ箱庭療法』誠信書房］

（2）梁信恵・Hong, G.（2007）『沙遊治療：研究與案例』五南書出版公司

（3）国際箱庭療法学会（ISST）・日本箱庭療法学会（JAST）合同シンポジューム（2009）山折哲雄発題で「美の箱庭」でフォッサ・マグナ Fossa Magna（構造的な亀裂）に言及し、樋口和彦から同様の発言があった。

（4）この「目を開けたまま見る夢」は *The 10th conference Korean Association of Sand Play Therapy,* Dec. 3, 2011 における Sr. Anna Kim bo Ai の言葉を引用。

（5）R・スタン／福井文雅・明神洋（訳）（1985）『盆栽の宇宙誌』せりか書房

（6）河合隼雄・中村雄二郎（著）、明石箱庭研究会（編）（1984）『トポスの知：箱庭療法の世界』ＴＢＳブリタニカ

（7）エラノス会議（EranosConference）1933年から1988年までスイスのアスコナで開かれた会議でオルガ・フレーベ・カプテインが創立し、ユングが東西の学者を招いて開かれていた。わが国からは鈴木大拙、河合隼雄、井筒俊彦、上田閑照などが参加した。

（8）McGuire, W.（Ed.）（1974）*The Freud/Jung letters: The correspondence between Sigmund Freud and C.G. Jung.* Routledge & Kegan Paul［W・マグアイア（編）／平田武靖（訳）（1979/1987）『フロイト／ユング往復書簡集（上・下）』誠信書房］

（9）現在のドイツの都市ケルンは Colonia に由来していて、ローマの植民都市であった。

（10）松岡正剛（2008）『山水思想：「負」の想像力』ちくま学芸文庫、松岡正剛（2007）『日本数奇』ちくま学芸文庫、参照

（11）Hillman, J.（1983）*Archetypal Psychology.* Spring.

編　注

（編注1）編集上、著者の文体と文意を尊重し、保持しながら、脱字と修飾語の語順等に最小限の訂正を加えた。

（編注2）樋口和彦はカウンセラーのことをカンセラーと表記することを好んでいた。

（編注3）センターの発足は一九九六年。部屋に関する記述は二〇〇〇年の大学院開設時に新設された面接室を指している。砂に関してのエピソードは一九九六年当時のことと思われる。

第三章　日英「暮らしの文化」比較

――心理臨床家の一考察

佐山菫子

「ふるさと」の発見

英国はロンドンに住んでもう二〇余年になる。心理屋としての二〇年である。日本でカウンセラーをやり、大学で心理学を講じ、子どもたちを育て、家族の都合でチューリッヒに駐在していたときに四〇代でユング研究所にたどりつくという、願っているばかりではかなわなかった経過の末である。チューリッヒからロンドンに移ることになり、ロンドンでＩＧＡＰ（Independent Group of Analytical Psychologists）という、当時、他の団体から分岐して設立されたばかりのユング心理学分析家の養成機関に入ることになった。先はどうなるかわかりませんよ、という声も聞いてはいたが、だからといって、他にあてもなく、ＩＧＡＰでの訓練をめざしての分析が始まった。ロンドンには他にもユング派分析家の養成機関が三つある。しかし、ＩＧＡＰが当時のチューリッヒの訓練にもっとも近いということで不安はなかった。まずは、チューリッヒの講義でおなじみだった精神科医の男性の分析家と分析をはじめた。チューリッヒ時代が女性の分析家であったから、男性のほうが転移になやまされずにすむだろうと思ったし、彼の講義からその人となりを信頼することができていたからである。それから夢に導かれ、別の女性の分析家と彼との間を週に一回ずつ往復するという期間を経て、その女性の分析家に移って、週二回の分析を最後まで続けた。資格を得てからも、しばらく間をおいて、今度はスーパーヴァイジーとして、彼女のもとに週一回通い続けた。自宅での分析のほかに週一回病院で仕事をしていたから、新しい分析家として話したいことは山ほどあった。分析時代に自分のことはたっぷり話し、夢を見、彼女の夢解釈になじんでいたから、今度はクライエントの状況について一心不乱に取り組むことができた。

チューリッヒにいた頃、ユング研究所で自分の分析家を決めるとき、指定された女性の精神科医に面接しなければならなかった。どんな人がいいかということになって、わたしは女性であること、アメリカ人であることを希望した。なぜなら、それまで、アメリカに二年ほど住んだことがあり、わたしの英語はアメリカ英語であって、イギリス英語はわかりづらいだろうと思ったからだ。また、当時のわたしには男性に自分の胸を開く自信がなかった。男性からは真に理解されることはないだろうという男性不信が巣くっていた。悲しいかな、当時、わたしにとって、男とは女としてのわたしが仕える相手であり、男性をたてるという肯定的なペルソナが常時働いており、その反動として内面に暗く、重く男性への劣等感が巣くっていたと今は思う。こうした言語の問題、性別の問題もあとから詳述するように文化という大きな傘の中に入るテーマである。

推薦されたそのアメリカ人の女性分析家との分析は、生まれてはじめての試みであっただけに、分析の必要を痛感しながらも、相手に暗い意図はないかと疑ってみたり、いかに費用を調達できるかが心配であったりして、必ずしも、快調なスタートではなかった。しかし、次第に夢が出始めた。分析がわたしにとって、わたしと向かい合える唯一の場所であるとか、研究所における講義よりも分析が優先するのだとかいう彼女の考え方に目を開かれる思いで、分析に集中した。今、思い出してみて、当時、英語でよく分析ができたものだと思う。Alchemy（錬金術）という言葉が初めて彼女の口から出てきたとき、なんのことだか全くわからず、「それ何のことですか」と聞いてしまったことを覚えている。分析家との間に良いラポールが形成されていたからであろう。その分析家が日本の文化について何か知っていたかというとそうでもなかった。かといって、彼女が日本の文化について何か質問してきたというわけでもなかった。また、わたしも特に日本の文化を説明しておかねばというような必要性は感じなかった。

そのころ、わたしには、家の中を整理するにしても、最後まできちんと表面の整理をしきってしまうことはできず、何かどこかをそのままにおいておく傾向があった。それが、必ずしも家族の同意を得られないのだというような、実生活の不自由さを繰り返し話していたことがあった。そんなある日、彼女は壁にかけてあるカーペットのような織物を指差した。アメリカンインデアンの作品だと説明しながら、右側上部にパターンから離れ、すうっと外にぬけている糸を説明して、かれらはものごとを完璧にしあげることをいやがり、未完の、まるで失敗のような部分を残し、それが次の創造性につながるのだと説明してくれた。これがわたしの初めての元型的経験といえるものになった。そう、アメリカンインデアンとは個人的に何のかかわりもなかったが、分析家の時機を得た深い解釈がわたしを象徴の世界へと導いた。自我にこだわって悩んでいたわたしはその悩みがすうっと消えていくのを覚えた。わたしの生きざまが宇宙とつながって承認されたような安堵感をおぼえたのである。

この分析では、分析のはじめによくあるように、自分のふるさとのこと、家族のことを不十分な英語を駆使してたくさん話した。そうして、日本で誰に話してもわかってもらえなかったふるさとへのこだわりを、スイスに住むこのアメリカ人の女性に十二分にわかってもらえたのである。ふるさとへの思いは、文化と深いつながりをもつ。幼少時の記憶、自然のありさま、人々との往来、はじめての友人、はじめてのペット、はじめての学校、はじめての先生、いたいけな子どもが周囲の環境に影響されながら、自分という自我を環境の中で形成していく。わたしは中学校時代に寄宿学校に入るためふるさとを離れており、一七歳で母を亡くしており、父の迎えた継母になんともいえない複雑な思いを持つという、今思えば単純にはいかない背景を持っていた。一八歳にして継母を持ったということは、彼女の持ち込んだ価値観、道徳観、教育観が、彼女が真剣になればなるほど、わたしが実母との間で慣れ親しんでいた安易な日常生活を踏みにじることになった。自分の中で葛藤と疑問を強く感じながらも、今思えば、父が人質にとられていたようなもので、新しい異文化に流されるほか、当時は、なすすべもなかった。それだけに、ふるさとへの思いは強く、甘酸っぱく、その後も長くふるさと探しに関わることになった。結婚して家庭をもってからも、「ふるさとは遠きにありて思ふもの」との言葉を字義通り受け取って、ふるさとへの思いを合理化し、その抑圧にとりあえずは成功していたものの、童謡の『ふるさと』を大人になってからも、何度、歌って、涙したことだろう。一九一四年にはじめて音楽の教科書にのったといわれるこの歌には次のような歌詞がついている。

「兎追いしかの山　小鮒釣りしかの川
夢は今もめぐりて　忘れがたき故郷
如何にいます父母　恙なしや友がき

雨に風につけても　思いいずる故郷

こころざしをはたして　いつの日にか帰らん

山はあおき故郷　水は清き故郷」

（作詞：高野辰之　作曲：岡野貞一）

大学時代から東京に住んでいたから、思い出す九州の田舎のふるさとは文字通りこんなところであったのだが、別に地理的にふるさとにもどりたいという思いはなかった。ふるさとはわたしのこころの中で感情の溜池となり、東京に住み着くことになったわたしの強いコンプレックスを形成していた。だから、はじめての分析の中でこの複雑なふるさとの思いがこのスイスに住むアメリカ人の分析家に、なんなくそのままわかってもらえたとき、わたしはふるさとを取り戻して生き返った。ふるさとは「遠い日本のあの田舎にある」のではなく、実は、今ここの、自分のこころの中にあるのだ、ということを経験した。自分は世界のどこにいてもふるさとと共にあるのだと実感した。そのとき、大地に足をおいて、すっくりと立ち上がれたように感じたのだ。チューリッヒ滞在中に老齢の父の危篤状態を知らされて一時帰国したあとに、ロンドンに移ってまもなく、父も死去したから、そんなとき、ふるさとは自分の中にあるという思いが強い助けになった。いわばわたしは「孤児」になったのだが、孤児ではなかった。どこで捨てられようが、拾われようが、どこで野垂れ死にしようが、わたしは母国と共に、ふるさとと共に、自分の人生を完結するのだというなんともいえない力強さがあった。これこそがふるさとという文化の元型に触れた経験といえる。

文化とは何か

これまで、文化という言葉を実例と共に定義なく使ってきたが、辞書にあるように、「ある民族・地域・社会などで作り出され、その社会の人々に共有・習得されながら受け継がれてきた固有の行動様式・生活様式の総体」また、「人間がその精神的な働きによって生み出した、思想・宗教・科学・芸術などの成果の総体」（『明鏡国語辞典』）というのが、わたしが語りつつある文化の意味に一番近いと思う。なぜなら、前者は自然をはじめ、人がおかれた環境に注目し、後者はその環境を生きる人の主体性に関わっているからである。人間は文化に生かされ、それを継承し、また、変革する。しかし、生き馬の目を抜くように、めまぐるしく変わるものを文化とは呼ばない。それは「流行」であって、文化ではない。文化とは人類の誕生と同様、はるか古代にその源をもち、現実の適応の変化をゆるしながら、滔滔と流れ続けている大河のようなものであろう。文化はその表面の違いと詳細に拘泥するとき、民族と民族を偏見と相違で切り裂き、対峙させる。しかし、その深い源泉に思いをはせるとき、多少の誤解はものともせず（あるいはその誤解ゆえに）異民族をも愛と理解で結びつける。見つめあう許しのまなざしは言葉が通じなくても、通じ合うものである。探り合うまなざしが同じく通じて、人と人とが別れていくのと同じことである。

環境がどうであれ、他人の目がどうであれ、人が自分の中で「文化」と「自然」の調和をみるとき、そこにバランスのとれた生き方ができるとユングは言う。人は動物としての身体を持つ限り、その原初的動物性から解放されることはなく、他方、人間である限り、人間の尊厳としての高邁な精神性と無縁でもいられない。この本能と精神の間に適切なバランスがとれたときにのみ、人生が謳歌できる。この二つのどちらかが欠けていたり、弱かったりすると、人のありかたが偏り、心身の問題が発生する。「動物性の過剰は、高度な文明に生きる現代人の生き方を歪める。かたや、過剰な文明は動物を病気にする」(1)とユングは言う。「自然」はただ、それを「耐えること」と、「賢明な処置」を必要とするだけで、なんらの主義主張もしない。なすがままにされて、ただ、流れていくように見える。しかし、だからといって、自然を力まかせに組み敷くことは、将来高い代価を払うことになる。(1)高度な文明に生きる現代人が自信過剰と劣等感という過敏な自我コンプレックスの犠牲にならないためには、そのペルソナ(世間を生きぬくためにかぶる役者の仮面にあたるようなもの)の発展に邁進するだけではなく、その下にある力強い動物的本能とその上にある高邁な精神性に注目し、文化と自然の調和を自分なりに体験していくことが必要になってくる。そのためにはもちろん、両者の葛藤を十分意識しながら苦しみ続け、象徴的経験を通して、超越機能の働きを生かすことになるだろう。

ロンドンでの暮らし

二五年前、一九八六年にチューリッヒに住み始めた頃、ロンドンに住むなどということはわたしの辞書の中にはなかった。しかし、家族の事情で名残惜しいチューリッヒを離れ、ロンドンに住むことになった。一足先に飛行機で送り出した愛犬ツァロが、一年間過ごさねばならぬ検疫所で、わたしを待っていてくれるということが、唯一わたしの気持ちを浮き立たせ、支えてくれた。ロンドンに住むようになって、まもなく、前述のとおり、チューリッヒで講義を聞いて尊敬していた分析家と幸運にも分析を始めることができるようになった。この新しい男性の分析家とは、男性と女性の違いについて、また、性ということについて、よく、話した。遠慮なく話せた。相手が医者であったからかもしれない。おもしろい夢も見た。聞きたいことが山積みされていた。元来、わたしには質問コンプレックスとでも呼べる文化があって、人にあまり質問することは失礼になると思っていた。なにを質問するかについても相手を考慮した上で、という強い自制心のようなものが働くのだった。だからこの分析家が何を聞いても客観的に耳を傾け、わたしの質問を回避せず、あらゆる角度から積極的に回答を与えてくれたということは、わたしのコンプレックスの解消におおいに役立った。しかし、この質問コンプレックスのおかげで、わたしはヨーロッパに伝わる『パーシヴァル』というドイツの伝説におおいに興味をもった。一二世紀に書かれたエッシェンバッハ（W. V. Eschenbach）の中世叙事詩がもとになっている。騎士であった夫と長男を戦いで亡くした失意の母に守られて、俗界を抜け、森林の中で育った次男のパーシヴァルが成長したある日、輝かしい装束で森の中を駆け抜ける数人の騎士の姿を目撃する。彼の血がわき、心は決まる。森をぬけ、世界に出、あの騎士たちの仲間に加わるのだ。母は末息子の旅立ちを承諾するが、心をこめて、いくつか助言を与える。その中に「質問をしてはいけない、それは礼儀にはずれるから」というのがあった。そのために、質問されることで癒されることになっている聖杯王と出くわしながらも、役割は果たせず、物語は紆余曲折を経ることになる。(2) 質問をするかしないかは分析の中でもなかなか微妙なポイントである。わたしの場合、分析の中でこのコンプレックスがほぼ解消したおかげで、その後も怖めず臆せず、多くのことに疑問をもつことになった。しかし、それを溜め込んだり、人に聞き歩くかわりに、時間をかけ、自分で解答を探し求め、あちこちでヒントを得、うまく納得できるものに出会えるというありがたいサイクルが始まったように思う。

この分析家は、また、わたしを単に女性としてではなく、一人の人間として十分に認めてくれた。女の子のぬけがらにすがりつこうとするわたしを励まし、成熟した女性への成長を冷静に助けてくれた。男性コンプレックスもほぼ解消し、自分であることへの安心感が得られたように思う。しかし、この非常に明晰なアポロ神のような分析家にも、アポロ神のような影があった。彼はあの北国の楽園、ハイパーボリアンの彼方へと、定期的に消えていった。彼の分析室はロンドンだったが、自宅がはるか西のデボン州にあって、その間を頻繁に往復していたからだと思う。三カ月の分析のあとには、三カ月の休暇があった。わたしは長い休暇に耐え難い不満を持ちながらも、彼の言うように、彼のいない間、自分を自分流に生きることに費やした。アポロ神の動物には気高い白鳥があり、イルカがあり、かと思えば狼とのつながりもあり、中にドブネズミもいて、なかなか考えさせられる。

わたしは自分が女性であることを十分納得し、女性である自分を十全に生きるまでにはこうしてずいぶん時間がかかった。既述のとおり、日本の文化の中で「男をたてる」ことをよしとすることを学んでいたから、男のために犠牲になったり、身を引いたりすることを当然と考えていた反面、男に甘え、その本来の力と価値を値引きしていた。それはまた、同時に女の本来の力と価値に気づいていないことでもあった。だからユング心理学でいう男性性の原理、女性性の原理、すなわち男と女の中でそれぞれに作動する、エロスとロゴスという、エネルギーの対立と協同を体験するまでには、たっぷり時間がかかったわけである。そんなころ、わたしの心に突然、繰り返し聞こえてきた歌があった。西条八十作詞の「歌を忘れたカナリヤは……」だった。よく、聞いてみると「カナリヤが歌を忘れて歌えなくなり、もう、役に立たないから、裏山や背戸の茂みに捨てようか」と自問するとき、どこからか「いえ、いえ、それはなりません」との忠告が聞こえる。それればかりか、「歌を忘れたカナリヤは　象牙の舟に銀のかい　月夜の海に浮かべれば　忘れた歌を思い出す」という新しい知恵が与えられる。「月夜の海」とは女性性の象徴として十分であった。この歌には女性性の再生のイメージが美しく描かれている。月夜に浮かぶカナリヤが息を吹き返して歌を歌い始める情景がこころに浮かび、硬くしぼんだこころが生き返るようだった。

そんなわたしにとって、英国の日々の暮らしで体験する女性の独立独歩ぶりはまさに驚嘆に値するものであった。日本でなじんでいたものとの違いに愕然とせざるを得なかった。英国社会で男女が完全に平等などとは決して言わないが、それにしても、女性の地位の確立は否むことのできない事実である。ひとりで自分を生きることを当然と考えている女性が、しばしば見受けられる。これはわたしだけの偏見ではなく、ほかの日本人たちからもよく聞くところであるから、広く日本人の間に受け入れられている観点とみて間違いはあるまい。だからといって、前述したように、現代の英国社会で女性が完全に男性と平等に取り扱われていて、男女完全平等の楽園がここにあるなどといっているのではない。現実に女性がその待遇の偏見を問題として抗議運動を起こす一方で、離婚の際の親権をめぐって、父親への偏見などという男性不利な取り扱いに、男が体当たりで抗議することもある。女王をいただく国でありながら、英国国教会は女性の聖職者の権威を受け入れることにしつこい反対がある。社会全般としても、やはり、待遇などの点で男性優位という見方が常識的に定着しているとみてよい。しかし、それでも、わたしの知る日本に比べ、英国では女性は基本的に力強い市民権を持ち、その存在は平等に容認されている。やまとなでしこという、表面はやわらかく芯が強いといった二重操作の必要は無く、女性が真正面からぶつかっていく。ヴィクトリア朝時代、品格のある裕福な男性の注意をひくことに専念するほかは、刺繍などをして時を過ごすしか無かった女性像とは、打って変わった成長ぶりなのである。男性もそのかわり自分の立場を明確に打ち出し、レディファースト的に、女性を文化的に弱者としてかばう態度はみられない。カップルを自宅に招待した場合など、夫が先にさっさと入ってくる。

へつらうという言葉は日本では女性に関して使われ、嫌われながら横行していることと思うが、この点に関しては王家を仰ぐヨーロッパ諸国の宮廷人たちは男性であっても、（もちろん、英国を含んでのことであるが）、実にプロである。強力でわがままな王を怒らせないように、へつらいの限りをつくしつつ、言わねばならぬことを言う術を年季をかけて熟成させてきたらしい。余談になるが、一説によると、あのフランスはヴェルサイユ宮殿を造営したルイ一四世の力は強大で、「お前のうちの出産はいつなのか？」と聞かれた宮廷人が「御意のままに」と答えたとか。出産日も御意のままとは恐れ入るへつらいである。イギリス人も教育の高い人はそれが得意で、相手が快く同意してくれるときはただ、礼儀をつくしてくれているだけで、真意はほかにあると思ったほうがいいかもしれない。

さて、へつらいを知らぬ英国の一般女性たちは、いったい何が起こってこんな変化を遂げたのだろうと考えさせられる。西欧における婦女子保護の運動は、一九～二〇世紀のはじめに行われた労働状況および教育の改善と、二〇世紀以降に段階的に行われた法律上および文化的不平等の改革にあるといわれている。その背景には少数とはいえ、女性の思索家による勇敢で斬新な考え方の発表があり、それがしかるべき男性の理解や共感を得て支持されてきたという事実が垣間見られる。一九世紀半ばに英国で出版されたシャーロット・ブロンテの『ジェーン・エア』などは今も学生必読の書物になっているが、男性をあてにしない、考える女性の独立の精神をあますところなく伝えている。その彼女が静かに恋をし、艱難の末、今は視力をなくしてしまったかつての雇用主兼恋人と再会し、彼をパートナーとして受け入れる結末であるから、まことにロマンチックな小説ではある。

さて、英国人に、かつてはあれほど受身であった女性がなぜここまで独立できたのかとたずねると、たいてい、話は第一次世界大戦にさかのぼる。大戦に男性が駆り出されたため、あとに残された女性たちがすべての産業を動かさねばならないことになった。鉄道をはじめとして、それまでは男性の仕事とされていたあらゆる重工業に従事し、しかも、それに成功したのだという。ロンドンの北西一五〇キロ余に位置するバーミンガムという地方都市にある博物館には、鉄道など当時の重工業のサンプルとそれに従事する女子従業員の姿が生き生きと再現されている。当時、女性は家庭から解放されて新しい職場を見出し、また、経済的独立の基盤も打ち立てたらしい。終戦後男性たちが帰国すると女性たちはまた家庭にもどったというが、彼らにも男の仕事ができたという経験が女性全般の生き方を大きく変えずにはいなかったという。そんなところから、単身でも、配偶者と一緒でも、独立して生きる女性の力強い姿勢が強く打ち出されてきたのであろう。とにかく、英国では女性だからといって、受身であらねばならないといった空気は皆無に等しい。受身な生き方が好ましい女性はそう生きるし、そういうパートナーを探す。独立精神旺盛な女たちは遠慮なく独立して、仕事を持ちながら、パートナーにもめぐりあい、家庭も築く。男性も新しい視点に立って、そういう女性を受け入れつつ自分の人生を生きているようだ。子どもの養育となると、保育園に預けたり、学生の保母さんアルバイトを個人的に雇ったり、いろいろ方法はあるらしいが、目立つのは、祖父母の部分的な手助けである。

引退した祖父母がすすんで、孫の養育を生きがいにしながら引退生活を楽しんでいる様子が際立って見えてくる。こちらの祖父母はそのかわり、孫の世話をする分といっていいかどうかわからないが、育児にも結構口を出す。いわば、黙って引っ込んでいる立場の人は日本に比べると圧倒的に少ない。その分、十分に状況が把握できない子どもにとっては、大人たちのいさかいが日常茶飯事となり、あとにしこりを残すようになるのではないかとわたしは心配する。とにもかくにも、英国では、自己主張を尊重するので、「女子ども」「弱虫の男児」「年寄り一般」といった文化の発達に乗り遅れがちな人たちも、どれだけ指示に従い、どれだけ言うことを聞くかではなく、自分で何を希望し、それにどう取り組むかを明確にしつつ、生きぬくことが鍛錬されることになる。ここが、日本との大きな相違点と思われる。もっとも、昨今の老人ホームでは英国連邦の関係者が働いていることが多くなり、かれらの文化に基づいて、口をきかせてもらえない気の毒なお年寄りが増え、問題になっていることも確かではあるが。

日英の文化を比較するとき、あいまいではあるが、ことわざの比較が興味深い。ことわざにはわたしは前から興味をもっていたのだが、『日英ことわざの比較文化』という興味深い本が出ている。その中に「東西女性観」という章がある。男女にかかわることわざを男と女の評価の違い、女心の変わりやすさ、女の武器と知恵、魔性をもつ美などにくくって編成したあと、著者は「東西の女性に関することわざを比較した場合気づくことは、西洋のものには女性の不可解さ、複雑さ、魔性を強調したものが多く見られるのに反し、日本のものには、女性がまったく男性に隷属するものであることを述べたものが多い、ということである(3)」とまとめていて、納得がいく。ちなみに著者は男性である。西欧だって女性は男性に隷属していたのではないかとも思いたくなるが、たしかに旧約聖書の創世記で、蛇のうながしで禁じられた木の実を食べ、それをアダムにすすめて食べさせたのはイブであるから、誘惑者ではあるが、はじめから、女性としての存在は別格として独立していたと考えられる。

さらにグノーシス主義になると、男と女は全く同格であり、真の神の知を具現化したソフィアが尊敬の対象となる。木の実をまず食べたイブはこのソフィアに導かれたものとも考えられ、木の実を食べたのは罪ではなく、食べて目が開かれ、神の知を知る意識を持つようになったとされている。さらに、それを男にも与えたので、イブはアダムよりも上位におかれる。また、蛇は最高の知恵者とされている。ここにキリスト教では慣習的に信じられている教義への服従というかたちの信仰が、はるかに変形しているのを見る。自分の中にある神なるものの、いわば、火種を認識して、その光を掻き起こして生きていけば、物質界の束縛から自由になるというのであるから、伝統的なキリスト教の実践とははるかに異なった人間の物語が出てくる。ユングは確かに無意識を含む魂の研究に打ち込む過程で、グノーシス主義の影響を受けた。したがって、分析心理学にはこうした象徴的解釈が試みられる。しかし、グノーシス主義から錬金術への移行に見られるように、そこでは精神に物質という重みを与え、物質から精神を抽出するという両者結合の立場が明らかになる。グノーシスの影響を受けたのはユングだけではない。ほかにもたくさんの芸術家、著作家が影響を受けたといわれているから、西欧で、女性に関する考え方が、聖書をもとにした伝統的解釈とは異なった観点を育んできたとしても、不思議はない。ここでは、男、女、蛇という伝統的価値観が蛇、女、男の順に置き換えられているのである。

日本の古事記をみてみると、女神のイザナミの神が男神のイザナキの神に「なんとすばらしい男でしょう」と先に感嘆の声をかけると子どもが流れてしまう。天の神さまに相談すると、イザナキが先に音頭をとるべきだとのお告げがあり、その通りにすると子どもが生まれる。また、イザナミが火を生み出した後、死に、陰府に下る。未完の国造りを共に続けようと迎えに来たイザナキがイザナミの禁を破って、その死体の恐ろしさを見てしまったために追われることになり、命からがら逃げ延びる。生と死を分ける地点までたどり着き、イザナミと離縁する。生死の境界が厳然と確立されたのである。そのあと、穢れを清めるためイザナキは身体につけていた飾りものをひとつ、ひとつ投げ捨て、次に「上の瀬は流れが速い。下の瀬は流れがおそい」と川の中流の瀬にもぐって身の穢れを洗い清める。そこで左の目を洗ったとき、天照大御神が、右目を洗ったときに、月読命が現れる。

また、ハヤスサノオノ命のあまりの狼藉に天照大御神が恐れて岩屋に閉じこもり日の光がなくなったときも、思金神の大策略のもとに、アメノウズメノ命が岩屋の前で桶を伏せたものの上に立ち、これをふみならして胸をはだけて乱舞すると、八百万の神々が呵呵大笑する。暗闇からの意外な反応に天照御大神は岩屋を細めにあけ、どうしたことか声をかける。アメノウズメは脚本どおり、「あなた様にまさる尊い神がお出でになりますので」と答えながら、準備しておいた鏡を差し出す。天照大御神は「この尊い神は誰だろう」と不思議に思って、身を乗り出す。とたんに天手力男神が大力で戸を開け放ち、天照大御神の手をとって、外に出し、岩屋の戸を閉める。日本に太陽の光がもどってくる(2)。天照大御神が暗闇と光の両方をあらわすのはおもしろいし、天照大御神が自分の尊い姿を目のあたりにしたときちょうど光がもどってくるというのも、意識の光ということで象徴的に興味深い。こうしてみると、聖書を原点とする西欧文化と古事記を下敷きにする日本文化のあいだには、奥津のいうような、大きな違いが女性原理、またそれに基づく女性観にあるのかもしれない。もっとも、西欧には魔女裁判といって、不思議な知恵で近隣をあやつっているという女が裁判にかけられ、殺された時期もあった。しかし、それもたとえ魔性の知恵であれ、女性が不思議な知恵を持つという点ではかわりはないだろう。日本で恐れられる山の神や人を呪い殺す魔性の女が知恵を持っていたかというと、そんな話は聞かないように思う。天照大御神も恐怖の不安の中から八百万の神々の綿密な策略で光の中にひきもどされたのである。

とにかく、英国では現在、女性が全般的に認められていて、その自由を大胆に力強く生きていることを目の当たりにすることが多い。もっとも、セラピーの中で男女が問題を持つときは異性に対する理想が高すぎて自分との相違を認められないことや、心と身体の調和がくずれて、どちらかにしがみついてしまっているケースがよくみられる。相手に期待するあまり、失望と怒りに呪縛されて自分の全体性を失い、動けなくなっているとでもいえばいいのだろうか。しかし、これも、転移や投影のメカニズムがいったんわかれば、やがてはそれを引き上げて自立することができるようになる。社会の環境が大いに助けになっていると思われることが多い。

英国とは何か

英国の国語はもちろん、英語（English）である。したがって、ロンドンに暮らし始めて、まずは英語での生活が始まった。ところがわたしの英語は英語ではなく、アメリカ英語に過ぎないことが今更のようにわかってきて、あまりの違いに震撼した。両国に通じるただの英語がありはするが、これまで英語と思っていたものが実はアメリカ英語であり、ここにはイギリス英語という、わたしには異質の言語とその文化が息づいているというのはショックであった。日本で学んだわたしの英語ははじめからアメリカ人の宣教師によるものであったし、その後アメリカに二年ほど住んでいたから、わたしの英語はまさしくアメリカ英語であった。そのアメリカ英語は英国では尊敬されないどころか間違いであることが多く、嫌悪される傾向にすらある。一時は意気消沈した。発音が違うのみならず、同じ表現が別の意味をもっていたり、スペリングが大幅に違っていたり、アクセントの位置が違っていたりする。また巷の生活の表現ととりすました表現に大きな違いがあって、教育を受けた外国人のわたしは前者の英語は避けねばならないなどと忠告を受けたりした。はじめのころは、普通に会話していて「あなたの英語はアメリカ英語ね」というわたしにとっては不必要なコメントをよく聞かされて、不愉快に思ったものだ。ＢＢＣという日本のＮＨＫのような放送協会が製作するテレビやラジオ番組はほとんどがわかりやすい英語をしゃべる。王室の英語も大変わかりやすい。しかし、ロンドンも東部の下町ではほとんど外国語と思えるイーストエンドの英語が使われているし、そこでは、口汚いののしり言葉が生き生きと飛び込んでくる。『My Fair Lady』で描かれた世界である。また、英国の地方によっては、なまりが強く、ほぼ全く理解できないところもある。

あるとき病院で種々の精神療法の見学をさせてもらっていた時期、その受付の看護師さんが不自由そうな舌をまいたわかりにくい英語を話すので、わたしは心中で「かわいそうに、この人もどこか外国から来て、言葉には不自由しているのだろう」とわが身を投影して、密かに同情していた。ところが、あとになって、この人はスコットランド人で英語が立派な母国語であることがわかったのである。そののち、スコットランドに旅したことがあるが、そのときも、耳を立てて聞き返さなければなんと言っているのかほぼわからないという不自由さに遭遇したものである。

さて、スコットランドの話題が出たところで、次に英国の成り立ちを説明してみたいと思う。なぜなら、日本ではイギリスといえば英国の意で、それがこの列島のすべてをあらわすと思われているからである。現実はまことに複雑で、英国という国家はイングランド、ウェールズ、スコットランド、北アイルランドからなっていて、すべてが正式にはBritishという意味で英国人であるけれども、決して、イギリス人ではない。彼らをイギリス人（English）と呼ぶことは間違いであり、感情をはげしく害することになる。

英国の成り立ち

英国は英語でUKとすることが多い。たとえば手紙などの住所の終わりにはこれが使われる。The United Kingdomの略である。しかしこれも略称であって、正式には一九二二年以来、The United Kingdom of Great Britain and Northern Irelandと呼ばれている。Great Britain（Britainと略されることも多いが）とは正式にはイングランド、ウェールズ、スコットランド、すなわち、アイルランドの島をのぞいた、現在の一番大きな島にある三つの国を指す。しかし、実際にはイングランドとウェールズのみをさすことが多い。それはこの名称が古くはローマ人が南端から侵入してきて北上したとき、この島をBritanniaと呼んだことに端を発しているからである。ローマ人はそのとき、北端のスコットランドまで侵略することはできなかった。したがって、その意味ではBritainがウェールズとイングランドをさすことになるのである。ウェールズとイングランドがひとつの議会を持つようになったのは古く、一六世紀。当時は、まだ、スコットランドもアイルランドも独自の議会を構えていた。ところが一六〇三年に一人の王（ジェームス一世）がスコットランドとイングランドの両方を統治することになり、両国を合併する動きが始まった。しかしスコットランドはこれを嫌った。さらに、一七世紀のオリバー・クロムウェルによる内乱のときに事実上合併がなされたが、そのときもスコットランドはこれを受け付けなかった。やっと、一七〇七年に自分の議会と独立をあきらめ、ここに三国からなるThe Kingdom of Great Britainが成立。その後一八〇一年にアイルランドが入って、The United Kingdom of Great Britain and Irelandとなり、一九二一年の協定でアイルランドが北部の一部を残して独立したため、それからはThe United Kingdom of Great Britain and Northern Irelandという呼称が確定して今にいたっている。

スコットランド人の英語がわかりづらいのは前に述べたとおりであるが、アイルランド系の人の英語も巻き舌でわかりやすいとはいえない。ウェールズ人の英語は比較的わかりやすいが、彼らには全く別のウェールズ語がある。現地では今、両方の言語が使われているから、ウェールズに入ると標識がまずはウェールズ語で書いてあるから、あわててその下を見なければ、どこにいるのかわからず、あわを食ってしまう。一時、ウェールズでも英語だけが話されていたが、今は現地語が復活して、英語に加えて全くの外国語を話す。ウェールズ、スコットランド、アイルランドはそれぞれ、ケルト系の文化の流れを強く汲んでいるといわれ

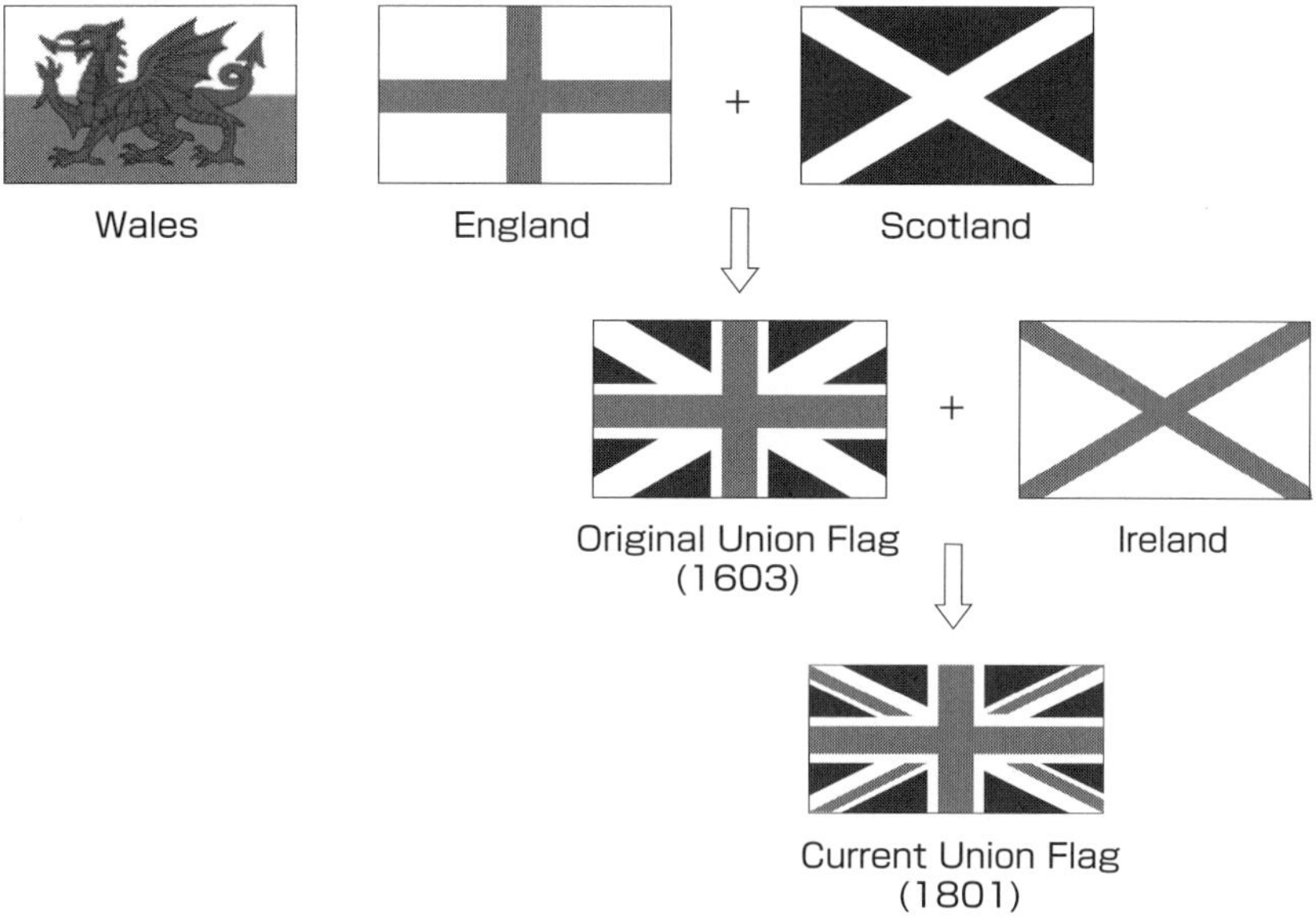

ており、それぞれの文化を誇っている。

つぎに国旗の話に移ってみよう。イギリスの国旗と今いわれているものは実は英国（UK）の国旗であって、連合された国々の前身が明らかである。まず、白地に赤い十字のイングランド、紺地に白でX形にたすきをかけたスコットランド、それから、同じく白地に赤でX形にたすきをかけたアイルランドが統合して作られている。アイルランドが北アイルランドになったあとも同じ旗が使われている。ここにはウェールズのあの有名な龍の旗印は入っていない。なぜなら、ウェールズとイングランドの統合は、すでに述べたとおり、これらの国々の合併が考えられる前に終了していて、ウェールズはすでにイングランドの一部になっていたからである。これら四国はそれぞれに明らかなアイデンティティをもっていて、異なった歴史と言語をもつ。イングランドは首都がロンドンで、聖ジョージを仰いで、バラが紋章。スコットランドはエジンバラが首都で、聖アンデレを仰いで、アザミが紋章。ウエールズはカーデスが首都で、聖ダビデを仰いで、水仙が紋章。もうひとつ、国章として西洋ねぎ（leek）があり、兵士は戦場で敵味方を区別するために帽子にこれをつけたという。旗の龍の背景にはねぎの白と緑が使われている。北アイルランドはベルファーストが首都で、聖パトリックを仰いで、三つ葉のクローバーが紋章。年に一度、それぞれに記念日が祝われる。フットボールのチームもそれぞれにあって、応援するファンたちはそれぞれの国旗を自宅の窓に貼り付けたり、車にとりつけてはためかしたりして、「わがチーム」の勝利を祈る。

また、日本でも知られているBBCのPROMSという七月から九月のはじめにかけて行われるクラシック音楽の大祭典、夏のコンサートの最終日には、それぞれの国旗が会場内で大きく打ち振られることになっている。ただし、この音楽会のときには外国の旗も登場する。日本の旗がはためいていることもある。こんなわけで、英国といっても、簡単にはいかないわけで、それぞれの州がそれぞれの歴史をもち、それぞれの文化に生きているわけである。イングランド、かつまた英国の首都であるロンドンにはこれらの人々がみな住んでいるわけで、そのアイデンティティを間違うと、話は感情的になり、感傷的になり、攻撃的、防衛的になり、慣習としての文化のさらに下にあると思われるいわゆる血が騒ぐことになる。British（英国人）というのは英国の市民権を持つというだけであって、国民性をあらわすものではない。

これに加えて、わたしの英国暮らしをもっと複雑にしているのは、他民族の多様性である。たとえば、駐車場関係ではアフリカ系の黒人が働いていることが多いし、News Agentとよばれる街の便利屋はほぼインド人、会計士もたとえばインド人、クリーニング屋はパキスタン人、建築関係はポーランド人、ミニキャブという格安なタクシーに乗るとわたしには名前もさだかでない元ソ連領の小さな国から、自国を無法で逃げ出した恐ろしい冒険談を話してくれる運転手に出会ったりする。英語はおぼつかないが、こちらも外国人、言わんとすることはよくわかる。病院では、実に数多の、外国人とわたしには見える人たちが、看護師であれ医者であれ、活躍している。報道関係者、芸能、スポーツ関係者が国際色豊かなのはこの国でも変わりはない。女王にまつわる記念式典は大規模なものが度々あるが、その中のひとつに参加して、バッキンガム宮殿前の群衆に加わったことがある。そのとき、英国連邦、Commonwealth of Nations に属する国の人たちが行列していくのを目前にしたわけであるが、本当に見たこともない美しい素焼きの肌をした黒人の、腰に布をまとっただけの巨人のような原始的な雄姿を目前にして、わたしは、世界が時代を超えて、ロンドンに集まったという実感をもって仰天した。

英国には現在エリザベス女王が在位しておられることはよく知られている通りである。女王は公式には国の元首であるが、実質的には政府が国の政治を行っている。王室はかつては English Monarchs であったが、現在は British Monarchs と呼ばれる。女王の正式名は Elizabeth the Second, by the Grace of God of the United Kingdom of Great Britain and Northern Ireland と、国名に負けず、長たらしい。女王は憲法に定められた義務を首相の提言に基づいて遂行する。首相は週に一度女王に謁見をゆるされ、国政の報告をし、女王はこれを聞きまた、自分の見解を述べることを義務及び責任としているというのであるから、女王の経験と知識および国策の理解は並大抵ではない。一国の元首として、諸外国を正式訪問するし、また、諸外国からの国賓をもてなす。女王はまた、軍隊の長でもある。また、英国国教会の首長でもある。この英国国教会はちょうど、宗教革命のころにローマ法王のもとを離れたとはいえ、ヘンリー八世の悪名高い離婚騒動（王子を得るためではあったが）に端を発した改革であるから、いわゆる旧教を苗床に、新しく生まれたヨーロッパの新教とはまた違った趣きをもっていることを知らねばならない。僧衣や儀式など、かなり旧教に近い。スコットランドにもウェールズにもそれぞれ国教会がある。女王は国教会の首長として大司教、司教を任命するとはいえ、国教会の精神的指導者はカンタベリーの大司教にまかされている。

女王には英国を統治する責任はない。しかし、国家に大きなお祝い事があるときや逆に大災害による悲しみがあるときに、国民の感情を象徴する人という意味で国を代表する。ひとつの例としては、一年に一度行われる戦没者の記念行事で国民を代表して記念碑に花束を捧げる。また、自然の災害でひとつの村が濁流にのまれてしまうなど、国民の悲哀がどこにも持っていきようが無いようなときに、その悲しみを代表する。各種の勲章を授与するのも女王であるし、園遊会で八〇〇〇人の招待客に声もかけられるし、障碍者の演ずる舞台にも出かけられるし、自画像を作成する芸術家の前に座られたりもする。競馬が大好きでアスコットの競馬には毎年お出ましになる。そんなとき、わけへだてなく誰にも公平に接することが望まれているらしい。女王はおひとりであるのに対して、その対象となる国民は数多であるので、女王の握手は「さあ、これで終わり」を強く告げるものであったなどという経験者の談話もある。けじめの文化を担っているのだろうか。なにはともあれ、女王は英国が悲喜こもごもの感情に揺れるとき、それをひとつにつなぐ象徴として、いまだに大きな影響力をもっている。また、女王をはじめとする王室関係者はそれぞれに数多の慈善事業の後援者となっており、援助を必要とする不幸な人民を支え、助け励ますのに余念がない。いわゆるチャリティーの推進者である。英国がキリスト教国家であるか否かには議論があるが、チャリティー国家であることには間違いがないようだ。

さて、ここで、英国連邦の話にすすもう。オーストラリア、ニュージーランド、カナダなど一六世紀時代の前植民地、および、大英帝国（British empire）当時に関わりができ、帝国崩壊後も関係を保っている五四のメンバー国がそれぞれ独立の主権国家としてこの連邦を形成して国際的友好関係を保ち、女王が首長をつとめる。その中で女王を自国の女王として仰ぐ国はいまだに一五カ国もある。大英帝国は一五世紀、一六世紀にスペイン、ポルトガルに始まった海路による世界の発見と富の獲得を目的とする大遠征に、その後、フランス、オランダと共に加わり、一七世紀から一八世紀に彼らとの戦いに勝利して、北アメリカとインドの植民地を一手に収めた。ナポレオンに勝利した一九世紀にはさらに力を増し、一九二二年には世界の人口の五分の一、世界の陸地の四分の一が支配下にあり、政治的、言語的、文化的に大きな影響を与えることになった。スポーツやキリスト教の習慣、教育方式、裁判所のあり方などが共通項になったという。日の昇る国日本という表現は今でも使われているが、英国では日が沈むことがないといわれた時代である。というのは世界中に植民地があり、一日中、そのどこかで日が昇っていたというわけである。その後ドイツとアメリカに押されて、一九世紀末には力が弱まり、ドイツとの経済的摩擦が第一次世界大戦の勃発につながった。第二次世界大戦終了後から始まった植民地ほか関連諸国の独立の動きは、一九八二年にはほぼ終了。つぎつぎと権限の委譲が行われ、一九九七年の香港の引き渡しが大英帝国の最後であったともいわれている。英国連邦の首長たちは年に一回ロンドンに集合し、ウェストミンスター寺院で女王の主催する多宗教方式による礼拝に参加する。これらの国はどれも平等で、もはや、階級差はない。他宗教にも寛容にせねばならない。女王は今、二五〇〇万を超えるイスラム教徒の英国人をかかえているという。こうした事情が、英国のキリスト教の形骸化を進めてきていると考えられないわけではない。ほかに四年に一度、関係各国の若者がどこかの国に集まって、英国連邦のスポーツの祭典が繰り広げられる。

こうした事情で、過去の歴史を反映し、英国のパスポートを持つ人たちが続々と入国し、英国社会の多民族集団をつくりあげているわけである。携帯電話の普及も伴って、バスや地下鉄の中で聞いたこともない外国語がぺらぺらしゃべられているのを耳にする。こころがけがよければ、無料で外国語の勉強ができそうである。英国の地方都市ではインド人の街、アラブ人の街などが出来ており、そのインド人の街で育った人たちの報告によると、街で白人を見つけると珍しくて、みんなが窓をあけてのぞいたものだという。インドがまるごと引っ越してきたようなヒンズー教のものすごい寺院もあれば、イスラム教の超豪華なモスクもある。まあ、こうして英国は、寛容に、諸外国人を異なった文化・宗教そのままに受け入れることによって調和をはかってきたかのように見えるが、それで、問題がでてこなかったわけではない。ヨーロッパ連合ができてからは、その関係で東欧の人たちが続々と入国し、自由に働けるようになった。英語が世界語であることもあってか、英国は人気者である。問題がおこる度に入国制限などを設けてはいるが、一人が入ってくると、親戚縁者で英語が皆目話せない人たちまで、入国をゆるされることになり、その人たちが福祉社会の恩恵を公平に受けるため、無料の住宅はいっぱい、無料の国民保険の病院は満杯。生活保護を受けながら現金で働きまくるので、英国人の職場は脅かされることになり、過剰人口は常時、問題になる。役所や裁判所は通訳の準備を義務付けられ、役所からの文書には多言語がおどっている。英国連邦に入ったことのない日本語はない。最近になって、親戚の者でも配偶者でも英語が話せなければ入国を許可しないといった規制がつくられ、英国の永住権をもらう人は Living in the UK という試験を受け、女王に忠誠を誓い、女王から祝福を受けるという方式に変わってきたようだ。こうした英連邦からの人たちも、英国内で生まれ、英国で教育を受けるなど、英国式の生活様式が浸透している一方、水面下の家庭生活では、母国の宗教に基づく生活様式があり、たとえば、娘が、親のすすめる人と結婚せずにボーイフレンドを作った場合 honour killing（名誉殺人）といって、親戚縁者に顔向けができないからと、親の手で平然と殺されてしまう。こうしたアフガニスタンや中近東の習慣が英国で平然と実施され、それが昨今は明るみにでて、警視庁も神経をとがらせている。また、英国で教育を受けた女子青年が突然親の手で結婚のためインドに送り返されて、そのうちの何人かが英国に逃げもどり問題になったり、また、イスラム教の人たちのシャリムという法律がモスレムの人たちの間でそのまま用いられ英国の法律をスキップしてしまうなど、多文化に寛容な原則を持つ英国がかかえる問題は多い。政府は今のところ、これらに介入して、英国の法律を強化しようとしているが、かつての大英帝国に端を発する英国の寛容さも現代では無責任と紙一重。二一世紀の英国で野蛮と思える慣習が横行する原因にもなっているのである。また、かつての世界とのつながりが世界中でおこる人災天災を見過ごしにできず、何かが起こる度にキリスト教のモラルが騒いで放って置けず、英国の日々のニュースは殺伐たるものである。

こうした背景がわかってくると、巨大な組織を持つ国民保険の病院で医師も看護師も英国連邦関係の国からの人々が圧倒的で、白人の英国人をしのいでいることも理解できてくる。その中でたった一人、わたしは日本人のサイコセラピストとして働いているわけであるから、よい機会が与えられたと喜ぶと同時に、週に一回の勤務とはいえ、他の人たちとの立場の違いに途方にくれることもある。そこで出会う患者さんたちも英国人とはいえ、さまざまな人種的・歴史的背景を持っているから、それを知って知りすぎるということはない。こういった点で、英国にいると、日本にいたときに比べ、視野が世界的に広くなるのを実感するし、歴史が今に生きているのを感じるし、世界中から集まった異文化をもつ英国人たちと袖をすりあわせることも多い。また英国の世界に対する配慮も多方面にわたり、ヨーロッパのみならず、アフリカでも、インドでも、東南アジアでも、オーストラリアでも、ニュージーランドでもさらに南アメリカでも、だれかがくしゃみをすると英国も感冒の症状を出してくるように見える。ときにはそれが重篤な流感であったりするのだが。

日本とは何か

二、三年前、教会のある博学な牧師から雑談中に「日本の天皇の紋章は菊だそうだね。あの花はこちらでは葬式に使うんだよ」と言われた。たったそれだけのことであったが、わたしは心の中にものすごい憤りがこみあげるのを感じた。なぜだろう、とわたしは考えた。こちらの菊はみすぼらしく、小さな、注目に値しない花である。菊が葬式の花であることは知らなかった。実際わたしが参列した葬式ではバラをはじめ、強い色の見事な花々が使われていたと思う。「わが日本の天皇の紋章を『葬式の花』と片付けてしまうことは無いだろう」というのがわたしの怒りの中心であった。これをどう、説明していいかわからずに、とりあえずは、日本では菊の花はすばらしい花なのですよとだけ言って、あとは無念の涙を飲むことにした。帰宅後さっそくパソコンに向かい、美しく栽培された菊のイメージを沢山取り出した。菊人形が作られ、その祭りが神社でにぎにぎしくとり行われることも、図案化された菊の紋章もまとめて、その人に送りつけた。それでわたしの気持ちは治まったが、わたしにとっても学ぶところは沢山あった。第一にわたしのパスポートに菊の紋章が入っていることに初めて気がついたのだ。そうして、いかに菊花の紋章が神社をはじめとして、神道関係、和菓子関係に用いられているかということにも気がついた。現在の天皇の御紋章は十六八重表菊ということで、一六枚の花びらを持つ菊の花が円形に図案化され、八重菊ということでその花びらの後ろに一枚ずつ花びらが重なって見える。他の皇室の方々はこれにならって、その変形をそれぞれ用いておられるようだ。菊もバラに負けず、中心と周辺をもって曼荼羅を表している。一六枚の花びらは四×四でこれも全体性を示す数。日章旗が白地に赤丸というみごとな曼荼羅を示しているのと呼応する。この意味を考えるところまで、この原稿では紙面をさけないが。

こちらで日本の天皇は Emperor of Japan と英訳される。わたしにとって、日本の天皇は emperor ではないから、例によって、『JAPAN』という講談社から出版された英語の百科事典をあけてみる(5)。Tenno を引くと emperor に行くように指示があり、そこではじめて、天皇の系譜にめぐり合う。しかし、そこでも、天皇はemperorのままである。天皇を文字通り訳すと、heavenly emperorになるとノートが添えられている。確かにemperorという言葉は一国の君主として、kingやqueenと同様に用いられはするが、それは元来、古代ローマのように、複数の国々、または属州をempire（帝国）として、一人の君主がおさめることである。英国も海外遠征が盛んであった頃、エジプト、カナダ、インドを占領したあとヴィクトリア女王が一八七六年にEmpress of Indiaとして皇帝になり、その死後、その息子エドワード七世がこれを継承してEmperor of Indiaになり、オーストラリア、ニュージーランド、南アフリカ、アイルランドをさらに征服して、その配下に収めている。といった具合に、わが日本も鎖国から国を開いて、追いつき、追い越せとばかりに海外にむかって驀進したとき、自国を大日本帝国と呼ぶことにしたのであるから、その君主はしたがって皇帝であったのであろうが、それも、第二次世界大戦の敗戦までである。その後は皇帝などという侵略的な君主は仰いでいない。にもかかわらず、英語の呼称は依然としてemperorなのである。したがって、こちらで天皇のことを説明するときには四苦八苦する。平和な日本国の象徴としておさまっておられる現在の天皇を外国で説明するのは至難の業である。わたしはHeavenly Royalと説明したりするが、事情通の外国人はtennoという日本語を使ってくれたりする。

若い頃、アメリカはテキサス州で勉強していたとき、三島由紀夫の腹きり事件がおき、新聞に発表された。現場の写真を見ながら、これをどうアメリカ人に、しかも、よりによって、テキサスのクリスチャンたちに説明するか、思案投げ首であった。その前に自分自身がこれをどう咀嚼し、理解するかということがさらに難問であった。また、そのころ、日本軍がハワイの真珠湾を急襲した出来事を映画化した『Tora! Tora! Tora!』が上映された。観に行ったが帰りには殺されるのではないかとびくびくした。それはタイトルが意味するとおり、日本の決死空軍部隊が急襲に成功し、平和に眠るハワイのアメリカ人の大慌てぶりが如実に示されていたからである。これがきっかけで第二次世界大戦のことを現地の人と話すこともあったが、戦時中のアメリカ人にとって、日本人はまともな人間ではなく、怪物のような容姿をした、人間にもとる存在としてアメリカ国内では喧伝され、そんな日本軍であるから、破らねばならないと教育されたという。そんな姿がＬＩＦＥ誌に掲載されており、図書館に行けば見られるとのことだったが、行く気はしなかった。これは日本軍を香港側から見ていた英国軍にとっても同じことだったらしく、人間にもとる東洋の小人にいったい何ができるかという見くびりから、英国軍は一時撤退をせまられることになったらしい。残念ながら、わたしはこういうことを歴史で学んでいないので、これといった確信がない。今は読もうと思えば、ネットの英語の記事でいくらでも読めるようだ。しかし、自国のことは自国の記事で読みたいと思う。センセーショナルな記事ではなく、事実に基づいた正確な情報なら読むこともできようが、今のところ、まだ、感情的になってしまって、戦争の歴史や為政者の歴史に意識の光をあてるところまでは行っていない。

その点、英国での歴史は、こちらから求めずして、膨大な資料を駆使して、良いことから悪いことまで、洗いざらい見せてくれる。酷評の国である。しかし、すばらしいと思うのは、その酷評を受けた側が感情的に怒りを爆発させるのではなく、それを切り返す十分なロジックを持っているということだ。言うほうも言うほうだが、聞くほうも黙ってはいない。そんな議論を聞きながら、そこに、事実や真理が見えてくるように思えることが多い。同じ事件についても、見解や解釈は多様にあることがわかる。これに比べて、日本人はすぐ、公的立場の人たちですら、感情的になり、うらみやしこりが爆発する。「俺に対してその口のききかたは何だ」「人の前でこれみよがしに言わなくてもいい」「自分を誰だと思っているのだ」「そんなことが通じると思うか」「分際を知れ」と圧力がかかるばかりである。ここではとりあえず、男性の口調を記したが、女性の場合も、陰にこもることを除けば、同様である。議論の内容やロジックではなく、誰が自分に何を言い、自分がどう傷つけられたかという私情にとらわれて、強い自我コンプレックスを示し、何が議論されていたかはすぐさま棚上げとなる。自我が弱く、育成されていないので、本論などどこかへ飛んでしまって、自我の防衛と相手の攻撃に専念する。自分の思いを持ち、反芻し、これを言語化し、その思いを体外に持ち出すということが、日本人の大半にまだ体験されていないとわたしは思う。すべてが胸三寸におさめられていると言おうか、そのため、行動が無意識にそそのかされることになる。これに比べ、自我が強化され、柔軟性が持てるようになれば、他人が異なった意見を持つことも当たり前で、必ずしも、自分を攻撃しているわけではないことが見えてくるはずだ。

確かにユングはその著述のひとつで、東洋の意識は必ずしも自我がその中心ではないことを驚きをもって表現しているが[6]、それは彼がチベット仏教のいわば解脱の極意を心理学的見地から見たときのことであって、だから、東洋人である日本人に自我が不要というわけではない。自我は生命を自覚する基盤である。ユングが東洋の意識に見出したものは、彼も言及しているように、解脱した自我、分析心理学でいう「高められた意識」なのである。自我が我執にとらわれなくなり、無意識との共同作業の中でその地平線がひろがり、セルフとの連結が回復され、こだわりのない涼しい見方ができるようになる。投影から解放された自由で確かな自我、いわば真我のことでもあろう。しかし、この悟りにいたる前にわれわれは、まず、こだわりの根っこにある自分というものを持ち、謙虚にわが身の実在に目覚めねばならないとわたしは思う。そうして、自分を持つことからくるさまざまな葛藤、摩擦、軋みを自分の内外で体験する必要がある。そうしないと、自我のない軽い自分は気球のように空を飛び、外の高みからだけ世界をながめ、他者をながめ、自分のことは上の空ということになる。自分をもたなければ、自由も楽しめないし、責任もとれない。気球は空気がぬければただ、落ちるだけだ。

ロンドンに移ってからまもなく、昭和天皇のご崩御があった。天皇がヒトラーと同じように罪人扱いにされるのを新聞記事で読みながら、自分に歴史の知識がないことで、これにどう対処していいか途方にくれた。とにかく日本大使館だけには出かけて天皇のご逝去を悼む短時間の行事に参加した。天皇の戦争責任については、日本人同士で小声で、「いやよねえ、困るわねえ」と囁きあうほかはなかった。このように、母国をあとにして、異国の文化の適応に専念中であっても、ことあるごとに母国の文化が追っかけてくる。母国の文化に関心をもたないわけにはいかない。次もまた、第二次世界大戦に関わることだが、ロンドンに来てから、しばらくたって、ウィルトシャー州のエーヴベリー（Avebury）という村にある世界文化遺産の巨石の円陣を訪れた。それはウォーキングの経路であったのだが、先史時代からの巨石がまるで会議をしているかのように、円陣を組んで、ひっそりと立っている。秋晴れの一日で、疲れもものかは、わたしは友人を離れ、ひとつひとつ、巨石たちの前に立ってその顔を見ては話しかけ、その秘密を少しでも聞き出そうとしていた。

するると、ある小柄の青年がすっと寄ってきて、わたしが日本人であることを確かめたうえ、「日本は一体どうして、被爆のような大虐待から立ち上がり、現在のような大国になれたのですか」「どうして、日本人はアメリカを憎まないのですか?」と真顔で聞く。それを確かめにそのうち日本に旅をする予定だという。この点で日本人を大変尊敬しているので、その秘密をさぐりだしたいのだと。さて、困った。なんと言っていいのか。言葉につまったあとで、言えたことは、ひとつには原爆の被害より自然の力が強かったのだということ。もう一生、草木も生えないといわれた大地から、実は芽が吹き出てきたのだということ。被爆で死んだ人も沢山いたし、生き延びても遺伝の恐怖で結婚できずにいた人たちもいたし、結婚した人たちの恐怖は世代を超えて今も継続しているが、それにしても、大地が甦ったということは誰にとっても驚きであり、励ましであったのだと。わたしたちは自然に励まされて元気を回復したのだと。それに原爆は日本の一部に落ちたのであって、日本全体を覆ったのではないということも付け加えた。その小柄の青年は真顔で黙って聞いていた。「日本は戦争に負けたけれど、自然は負けなかった」とわたしは言いたかったのだと思う。それから次に、アメリカは国家として実に強行な作戦をとり、日本がもう弱りきっていたときに、アメリカ兵をこれ以上殺さないために、また、戦争を終わらせるためにとの大義名分で、完成を確認したばかりの未知の原子爆弾を落としたのであるから、かれらの理由がなんであれ、原爆投下は間違いであったとわたしは強く思うと伝えた。しかし、終戦後、その同じ国から沢山の市民がやってきてあらゆる援助をしてくれた。その友情はありがたかったと。だから、国と国の関係にもいろいろなレベルがあって、ひとことではいえないのだと。いつまでもついて来て、もっと聞きたそうな顔をしている彼を残して、わたしは友人のもとにもどった。

いろんな国が核兵器を開発していて危険であることがおどろおどろしくニュースにのぼるとき、あのとき、原爆の実験・実行に踏み切っていなければ、世界はどんなに平和でいられたことだろうと思ってしまう。そこが、心無い科学も心ある人によって賢明に用いられねばならないと強調される所以であろう。しかし、人間の愚かさはまた、科学に負けないということも事実である。日本の戦時における行動をゆるせないという老齢のイギリス人たちも、教育のある人たちならば、その終わりには、原爆を落としたことをわびる。戦没者を悼んで、（その数も昨今の戦争で、今も増加の一途をたどっているが）毎年、ポピーの花（死者の国に咲く花）の胸飾りを一斉につける習慣がこの国にはある。その寄付金を生存者の生活保障に充てると同時に、彼らの苦闘を思い出しそれに感謝するためだという。

戦争に関するこの国の古びた思い出の中で、日本はある意味で永遠に敵国なのかもしれない。わたしはそのポピーの花の胸飾りを一度も買ったことがない。その日は日本兵の苦しみが思えてしかたがないからである。ヨーロッパで第二次世界大戦がアイゼンハワーの活躍でやっとの思いで終結したあとも、日本は原爆が落ちるまでマッカーサーの率いる米軍とまだ戦っていたのだから、こちらでは、ヨーロッパの終戦、日本の終戦と二つの終戦が毎年、記念される。前者はVictory over Europeと呼ばれるが、後者はVictory over Japanという名指しの記念日なのだから、気になってしまう。しかし、わたしは、責任をとらされそうになると、「戦争というのはどの国も狂気にする。正義の戦いなどというものはない。日本人は精神をかけて戦った。そして、敗れた。日本人が特に野蛮だとか、攻撃的だとかいうのは戦争を知らない人の言うことだ」といって、戦争に関する先方の知識におどしをかけて難を逃れる。個人個人が、よくは知らないままに、敵対していた時代の国の政策に巻き込まれるのは、危険なことだと思う。「日本がこんなに小さな国でありながら、米国という大国を相手どってよくも戦争などをおこしたものだ。愚かなことで理解に苦しむ」という人には、日本には天然資源がないから、その供給源を米国から絶たれて、ああするしか、生き抜く方法はなかったのだとわたしはもごもご説明する。その先を聞かれても、詳しくは知らない。もっと勉強しなければならない分野であるが、話題が苦しいものだけに、思わず、避けてしまう。学校の教育でもっと本当のところを教えてくれていればよかったのにとか、もっと討議討論する方法を教えてくれていればなどと、つい、愚痴もでる。いやなことでも事実に近い情報のあれこれが母国の教育でしっかりとたたきこまれていれば、感情的にならずに、現実に対処する上で、力強いことであったろうと思う。たとえその情報に間違いがあったとしても、それをたたき台に議論をすることができる。何も教えられていないということは怖いことである。英国が加わった戦争は数知れないが、この国にはなんの主題であれ、専門家がいて、時代を遡りデータを集め、その主題を深く掘り下げ、とことんまで研究するという文化がある。戦争の勝ち負けばかりではなく、その栄光も醜悪さも、成功も失敗もためらいも、容赦なく光が当てられ、一般に公開されることが多い。

『日本の知恵　ヨーロッパの知恵』の著者、松原久子氏は西独でヨーロッパ文化史を専攻し、日欧比較文化史で博士号をとったと紹介されているが、二〇〇年の鎖国の間、日本人はただ安眠をむさぼっていただけではないことを強調する。「底辺にいたるまでの各層が競って自ら学習能力を身につけ、官僚、軍人、企業家、商人、科学者、技術者、教育者となるべき人材が十分に育っており、新しい西洋の知識を貪欲に吸収し学ぼうとする幅広い層が待ちかまえていた(7)」と例をたくさん引きながら説明する。それだからこそ、開国のあと欧米の進歩についていくことができ、進んだ技術をあっという間に吸収することができたのだと。しかし、日本人は鎖国二〇〇年間にヨーロッパで何が進行していたかその過程を知らないと。わたしも先に述べたバーミンガムの博物館に行ったとき、いわゆる自動車が四輪の今の形になるまで、一輪車、二輪車、三輪車とさまざまな試行錯誤の末、馬車から自動車への移行がなされた様子を目前にして、この過程を知ることが日本人には大切なのだと痛感したことを覚えている。なにもないところから、必要にせまられてやむなくたどる発明発見の過程が、ヨーロッパでは超大規模なのである。発明発見の過程とは他国との協調を必要としないものであり、みんなが同じようにスタートラインに並ぶところから発展していく。みんなが新参者なのであって、階級はない。いつも欧米を先輩と仰ぐ作業ではなく、この上下のない、みんなが新参者のこの「深い知」への探究を日本は必要としているのだと思う。欧米の学者が日本に関する本を出版したときにのみ、ああそうか、そうだ、そうだと迎合するのではなく、日本の歴史のあれこれを、試行錯誤で探し当て、これが日本人だ、日本の国の歴史だとわたしたちが胸を張って世界に語れる履歴がほしい。

「真似」はヨーロッパ人の考え方によると、「盗み」と同様であると松原は指摘する。ヨーロッパに来るビジネス関係の日本人がヨーロッパ人にお世辞を言って、明治維新までの鎖国中の日本は未開の国であったが、ヨーロッパのみなさまのおかげで、文明というものに接して、やっと、一人前になれましたと説明し、感謝するのを松原は苦い気持ちで聞いていたようだ。この日本の後進性の、便宜的な強調が、ヨーロッパ人の尊大さを招くことになったと氏は考える。そうではない、倭の国日本の生きざま、その知を掘り返すことが、まさに必要なのだ。「ヨーロッパ人は自分たちが意識している以上に、歴史という躍動体を大切にする。相手の歴史の水準が自分たちと同じであるとわかった場合にのみ、相手をパートナーとして受け容れ、尊敬する。尊敬の念なくして本当の理解は育たない。日本人が長い長い歴史の中で何を学び、何を体験し、その結果何を大切にするようになったのか、何を侮蔑し嘲笑するのか、いかなる死生観をもち、なぜ働くのか……歴史的事実を例証として、こういった問いかけに答えていくことが日本人の急務である[8]」と氏は言う。そうして、「経済発展により、うさんくさそうにじろじろ眺められている日本は、堂々と、そして真摯に自分の素性を語らねばならぬ[9]」と付け加える。歴史的事実への取り組みにより、歴史が各人の血に流れてくることの重要性をわたしも思う。学校の教育もさることながら、各人が各様の忌憚ない「わたしの母国」の物語を持っていなければならない。これを実行するとき、おのずと歴史のもつ象徴的意味も見えてくるだろう。それがなければ、日本国内では言わず、語らず、察しあい、なごやかに過ごすことができるかもしれないが、欧米からの尊敬を勝ち取ることは無理だろう。かれらの尊敬なくしては、日本人の神秘的なひきこもりと、日本という国の不可解なあり方は、残念ながら、こちらの人のもっともらしい解釈にゆだねられることになる。そして、わたしたちは欧米の学者がおしつけた歴史をいやいやながら、押し頂くことになりかねない。英国人の日本通は、芸術作品などに対して、驚くほどの知識を蓄積して、日本人として恥ずかしくなる。それなりの深い尊敬は持つが、しかし、それも、英国人の見方なのである。一体何をすれば、わたしにとって、「これが日本だ」と納得して、日本人の観点を披瀝できるのか、残念ながら、それはまだ、今後の探究に待たねばならない。

ロンドンに暮らす日本人

英国に暮らす日本人の数は、外務省が二〇一一年一〇月に発表した海外在留邦人数の調査によると、二〇一〇年一〇月一日の時点で、総数約六万二〇〇〇人である。以下数字はすべておよその数であるが、イングランドに六万人、スコットランドとウェールズに一二〇〇人、北アイルランドに二五〇人、その他の諸島に一〇〇人足らずとある。このうち、永住者は男四〇〇〇人、女一万一〇〇〇人で、合計が一万五〇〇〇人。グループ別に見ると、「民間企業関係者及びその家族」と「留学生・研究者・教師およびその家族」がそれぞれ二万人ほどで、グループとしては一番数が多い。わたしは「自由業関係者及びその家族」に属するのだろうが、約二〇〇〇人足らずである。ロンドンは先にも述べたとおり、イングランドおよび英国の首都であるが、ここに住む人は一番多く、三万五〇〇〇人を超えている。海外在留邦人の世界的傾向を見ると、米国が一位で約三九万人、次に中華人民共和国、オーストラリアと続き、英国は第四位である。日本の二〇一一年の総人口が一億二七六三万人とあるから、海外在留邦人、ましてや英国のそれは微々たるものである。

このデータを集めようとして、わたしはまず、ロンドンの日本大使館に電話を入れた。インフォメーションの人がいろいろヒントをくれたのだが、そのとき、「邦人」という慣れぬ言葉が繰り返され、「日本人」と全く言わないので、思わず、「邦人ってなんですか？」と聞いた。「さあ」という返事だった。なにか、こちんと来て、早速ネットで探してみた。同じような疑問を持った人がいたようで、質問と回答がいくつか出ていた。邦人とは日本人のことだが、報道関係者や政府関係者がよく使うので、一文字短いのが便利なのではないのか、という意見。さらに探すと、邦人とは「自国の人」の意。異邦人に対応している。なるほど、なるほどとわかってくる。中にはこの「自国の人」の意をとって、海外で自国の人よ、がんばってくださいという意味がこめられているのではないかという回答もあって、嬉しくなる。極めつけは日本人には血統と国籍という点から、結婚などで日本国籍を得た外国人などを含んで、三種類あり、邦人は国籍、血統ともに日本人で、かつ、海外に暮らしている人を指すという説。海外の事故などの被災者は邦人と呼ぶのに、なぜ、日本人がノーベル賞などをとったとき、たとえその人が海外に住んでいても、日本人と呼ぶのかという問いには、それは日本人を自慢したいからだ、との単刀直入な回答があった。そういうわけで、英国に暮らす、血統、国籍の両面から保証された日本人は、海外在留邦人という傘の下で、母国にいる日本人とは区別されて、統計処理をされていることになる。同じ日本人でありながら、国内におらず、海外に暮らす人たちはやはり、どこか違ってくるのだろう。

ロンドンに住むようになって、まもなく、わたしは、『自分育ての心理学』と題打って、数回の講義をした。それがもとになり、一〇人くらいの日本の方たちとユング心理学勉強会が始まり、ユング他著の『人間と象徴』上下(10)を読み始めた。メンバーは初めは駐在員の家族が大半だったが、バブルがはじけた一九九四年くらいからは、こちらに居住している人たちが多くなった。延々として続き、先日下巻をなんとか、ついに、読み終えた。多くのことを学んだと思う。今は『自伝』(11)に移ったが、若い方たちとともに、また、別のグループができ、そちらで、『人間と象徴』をまた、読んでいる。邦訳本はなかなかむずかしいので、英語の書物(12)と比較しながらの読書会である。

勉強会のあとで、得意の日本語をはりあげて、言いたいことを言い合う熱気に満ちた議論のときがある。次から次へと話題は広がり、集う人たちの経験の深さ、広さが惜しみなく披露される。あるとき、日本人のことを話題にしてみた。日本人はきれいごとが好きだ、なんでも水に流してしまう、ということが話題になった。だから、お役所でも重要な文書を残しておかずに、切り刻んで葬ってしまうのだと。昨今はどうなっているのだろう。この「流し葬ってしまう」文化は、あるいは、よく言われるように、自然のありかたに関わりがあるのかもしれない。二〇一一年の東日本大震災でも経験したように、日本は自然に守られていると同時にその脅威におびえ、常に侵害・侵食の大被害を受けてきた。そこから、いたずらに文句を言ったり、政府を非難したりするのではなく、市民が一致団結して非常時に耐えて対処するという、英国からみると信じられないような、整然とした文化が育ち、今にいたっている。これは有効にして、価値ある文化である。しかし、また、同じ理由から、記録を尊重せず、明確な観点を定めず、「すべてが水に流れていくのだから」という便宜的な人生観が育っているとすれば、一考に価する。この無常という、万物流転の考え方は理想にこだわるでもなく、失望のどん底に落ちるでもなく、ただ流れ続けて中道を適宜生きることを可能にして、日本人の感情を支える文化の特徴の一部となってきたようにも見える。

わたしは正直に言って、日本人の習性からなのか、自分の無能さからなのか討論が好きではない。特にエロスを欠く討論は人間をただ骸骨にするだけで、大切な血肉が失われるような気がする。英国では徹底的に調査することを leave no stone unturned という。こういう態度が英国人とのおとぎ話の研究会でとられたとき、わたしは「少し、石をひっくりかえさないで残しておくほうがいい。そこまでやるとなにか大切なことが失われるような気がする」などと発言したこともある。今もそう、思う。重箱のすみをつつかずに残しておけば、そこに何か新しい可能性が出てくるようにも思う。しかし、だからといって、都合の悪いことにふたをして、きれいごとを言ったり、水に流したりしていたのでは、ユング心理学でいう「影」をのさばらせることになる。「影」を水面下にのたうちまわらせたままで、表面上の平和と自由を本物と取り間違えていると、日本は、世界の人たちと太刀打ちできないことになる。自然の本能が病んだ、形式ばかりが強い文化を上塗りしていくことになる。「自分の主張」「我を通すこと」は本能的なものだと思う。平和は知らぬ存ぜぬでは維持できない。大きく意識の目を開き、生命をかけて戦い、守り通すものだとわたしは思う。自分を押し出さずにはおかない本能とそれを抑制する社会の文化の問題は、ユングもいうように(13)、どちらかひとつをとれば片づくというものではない。どちらをどれだけとって、自分の内側からの要請と社会の文化への適応を、どうなじませていくかにかかっている。

明治四四(一九一一)年におこなわれた夏目漱石の講演を記録した『現代日本の開花』という一文が発表されている。その中で彼は西洋の開花が内発的であるのに対して、日本の開花は外発的であって、それまで日本人が自然に展開してきた内発的開花を圧迫し、急速にして粗雑な変化をもたらすことになったと警告している。彼の言う「自己本位」の能力を失い、外から押しつけられたものを無理を承知で通さざるを得なくなった日本の開花を憂慮しているのである(14)。

ロンドンに住む日本人たちは、その点、自分と対決する経験を強いられているように見える。そのせいか、変わり者も多いし、一言居士も、一匹狼も、一匹雌狐もいる。「わがまま」がよくないのは当たり前であるが、しかし、「我がまま」の、「己がまま」の世界を体験するためには、わがままから始めねばならぬこともあろう。故郷を離れ、親兄弟、親戚縁者を離れ、幼馴染を離れ、学校友達や仕事仲間とも離れて、いわゆるコネクションの多くを失い、異国に降り立った人たちは自分の視点を開発しなければ生きていけない。日本人は社会に対して、気兼ねをして、自分の視点を捨てたり、ゆがめたりするものだが、ここでは、幸いなことにその必要がない。英国の世間は気兼ねなどと言った文化をもちあわせていないからだ。いわず語らずにいれば察してくれる人がある母国とは違い、外的環境はきびしい。したがって、試行錯誤の生活を続けるうちに、自分にめぐり会ういいきっかけをつかんでいるように思う。今はインターネットのコネクションもあり、昔の手紙の往復に比べれば、緊密な関係を遠くの人とも保つことができるのは確かであるが、それでも、寂しさという客は居すわるようだ。にもかかわらず、皆、自由でいい、と言う。外界が自分を放っておいてくれること、自分のスペースに侵入してこないことが、なんとも自由な生きざまをもたらすことになっているようだ。もっとも、日本祭りのように日本人が大挙して集合協力せねばならないような企画があるときには、いろんな軋みが起こるようで、不愉快なことも耳にする。わたしたちは誰も影との取り組みが十分ではないから、同国人が集団で集まると、集団の影のようなものと自分の影が呼応することになって、自分らしからぬ行動に出てしまいがちになる。自分が平素は嫌っているような行動を、一緒になると、つい必要以上にやってしまう。こうした心の機制を知っておくことは無駄ではないだろう。

おわりに

日本の暮らしの文化を仮に、水の流れにたとえれば、英国の文化は石畳である。日本の文化が、表面、穏やかで、言わずもがなで、ひとところにとどまらないで流れて行ってくれるのに対して、英国の文化は刻まれ、目の前につきつけられ、問答を迫られる。「黙って引っ込む」美徳はない。英国にいて、日本の社会をふりかえるとき、それはより集合的で、より無意識的である。世間さまの価値が自分という個人よりは尊重される。「公」が「私」を組み敷いて君臨する。階級の差別も尊重されて当たり前。自分を省みる暇をさいて、他人の世話をやくのに躍起である。それでいて、教育や技術は欧米並み。したがって、個人の意識は年々、上昇しているはずだ。にもかかわらず、口をぬぐって、きれいごとを言い続ければ、ひがみ、そねみ、ねたみ、うらみの4Mは無意識の影を外界に投影しながら、根強く作用することだろう。幽霊の再来である。

なごやかな社会が大きく乱される。英国の石畳文化にはすでに亀裂が走り、水が浸み、人々は裸足になり、東洋を向いて、そこに新しい息吹を求めようとしている。日本はどうだろう。欧米礼賛の文化から何を学んでいるのだろう。やはり、きれいごとだけではないのだろうか。肯定的な影、すなわち、自分で実現しきれていない自分自身のよさを、それに取り組む苦労はせずに、いたずらに欧米文化の中に夢見ているのではあるまいか。欧米文化は夢見ていられるほど、なまやさしいものではない。食うか食われるかの現実がある。日本人が、各々に、流れの下に隠れている石畳の川床をどうすれば見出すことができるのか、楽しみな課題である。心理的鎖国から自らを解き放つときである。「出る杭は打たれる」「長いものには巻かれろ」「言わぬが花」「知らぬが仏」「黙して語らず」などの慣用句の功罪を自分の生活に照らして考えてみるのもひとつの方法だろう。

二〇一一年冬　ロンドンにて記す

◉文献と注

(1) Jung, C. G.（1966, 1988）The Eros Theory. In *Collected Works*, 7. para. 32.
(2) この話はユングのエマ夫人が分析心理学の観点から大変興味をもって長年資料を集めていたが、本になる前に死去。その資料をもとに、M・L・フォン・フランツが共著者として名を連ね *The Grail Legend* と題して出版している（英訳：Sigo Press, 1986）また、ワグナーのオペラ『パルジファル』の脚本にも詳しく出ていて、ユングもそこから引用している。
(3) 奥津文夫（2000）『日英ことわざの比較文化』大修館書店　pp.115–116.
(4) 次田真幸（1984, 1987）『古事記　全訳注（上）』講談社学術文庫を参照
(5) Kodansha（1993）An illustrated encyclopedia Japan 1 & 2. Kodansha.
(6) Jung, C. G.（1958, 1991）The psychological Commentary on "The Tibetan Book of the Great Liberation", *The collected works*, 7. p.484.
(7) 松原久子（1985）『日本の知恵　ヨーロッパの知恵』三笠書房　p.199

(8) 前掲書（7）p.19

(9) 前掲書（7）p.20

(10) C・G・ユング他／河合隼雄（監訳）（1975, 1986）『人間と象徴（上・下）』河出書房新社

(11) A・ヤッフェ（編）／河合隼雄他（訳）（1972, 1988）『ユング自伝　I & II』みすず書房

(12) Jung, C. G.（1964, 1983）Man and his symbols. A Windfall Book ; Jung, C. G. & Jaffé, A.（1961, 1965）*Memories, dreams, reflections.* Vintage Books.［C・G・ユング／A・ヤッフェ（編）／河合隼雄・藤縄昭・出井淑子（訳）（1972）『ユング自伝：思い出・夢・思想』みすず書房］

(13) Jung, C. G.（1966, 1988）The other point of view: The will to power, *The collected works, 7.* pp30-40. 参照。

(14) 夏目漱石（1978, 1990）「現代日本の開花」『私の個人主義』講談社学術文庫　p.54 以下

第四章　歎異抄、昔話、近代文学、そして分析

ウルスラ・ヴァイス

はじめに

「歎異抄、昔話、近代小説、そして分析」とは少し奇妙な題に思えるが、これらに共通しうるものが何かを明らかにすることが本論文の目的である。

一三世紀後半、親鸞（一一七三〜一二六三）の弟子の唯円は、師の教えの方向性を示した書物『歎異抄《たんにしょう》』を著した。『歎異抄』はその序言に次のような問いを立てることから展開する。「易行の門といえども、前世の縁で結ばれた、すぐれた師匠の導きによらなかったなら[1]」、浄土に続くその門に入ることなどできるのだろうか、という問いである。

ここでの状況は、ユング派分析家が個性化という個々人の発達プロセスの導き手として分析家を求めるときとどこか似ていないだろうか。私たちの状況において易行とは何か。門とは何なのか。また、その先の浄土がどのような場所であるのか。考えてみたい。

導入について

●浄土真宗における教えの継承

前述の通り、唯円は浄土真宗の創始者の親鸞の弟子であるが、親鸞の死後、真宗門徒たちが今にも分裂しそうであることを嘆き、その想いを『歎異抄』の序言にこう記した。

今は先師親鸞聖人が口ずからお伝えになった信仰と異なった教えがはびこっている。まことに歎かわしいことであるが、それでは後に学ぶ者が聖人の教えを受け継いでいくのに、疑いや惑いを免れることができまい。（中略）それゆえ、私の耳の底に今でもありありとのこっている、故親鸞聖人がお話のありさまの一端をここに書きとどめて、ただわれらと同じ心にて念仏される人々の不審を晴らしたいと思うのみである。(2)

唯円の目的は、『大経（無量寿経）』『小経（阿弥陀経）』『観無量寿経』の三つの仏教経典（浄土三部経）についての親鸞の理解を、内容を変えずにそのまま残すことであった。それは、後世に聖人の教えを継ぐ者たちが、浄土三部経についての師の解釈から外れてはいけないと考えたからである。しかし、そもそも親鸞の教えそのものが原典の解釈であるというのに、なにゆえにその先の解釈が禁じられなければならないのだろうか。唯円は自分のしていることの矛盾に気づいていないようであった。

ユング派分析家にとっての経典はおそらく『ユング全集』であろう。『ユング全集』は、スイスの精神科医C・G・ユング（一八七五〜一九六一）が、当時の第一級の科学者たち（ジャネ、フロイト、ブロイラー、パウリなど）との語らいや、統合失調症などの精神病患者たちとの関わりを通して行った彼自身の研究、それから哲学、神話学、宗教学の研究によって得られた、人間の精神や個人的、及び集合的な魂についての彼の理解が著されたものである。

ユングの死から五〇年が経過したが、彼の理論から実に多くの様々な解釈が生まれた。しかし、唯円が勧告したように、ユング派分析家はユングの教えを忠実に守り、彼のとりとめのない思索を批判的にならずに継いでいくことこそが目指されるべきではないのか。「よくよく自分勝手に悟ったと思い上がり、正しい他力の宗旨を乱してはならない(3)」のである。唯円は、親鸞が経典の同一線上にあり、親鸞の解釈が経典の真義を説明すると考えていた。故に唯円は、親鸞の教えが、他力、仏、真実そのものの原理を代弁すると理解したのである。

●分析心理学における教えの継承

一方、ユングについては事情が異なる。二〇世紀の西洋の思想家は、もはや基本的真理に頼ることができないでいた。彼らは先代が追究してきた宇宙の真理や、偉大な思想家たちの考えから離れて、自分にとっての真実を見つけなければならなくなった。真のユング派になるつもりの追随者も同様に、一つとは限らない彼らにとっての浄土（pure lands）を見つけるために、師によって発見された事柄や、タブーの打破、境界を越えるといった、過去を越える作業をしなければならなくなったのである。

かつて、法然上人の弟子たちの間で論争が起きたことがあった。そのうちの弟子の一人に親鸞がいた。

親鸞聖人は、「法然聖人は智恵や才能がすぐれていらっしゃいますので、そういう智恵や才能の点で私と同じであるといいましたら、思い上がったむちゃなことでありましょうが、極楽往生の信心においては、聖人と私がまったく異なることはございません。二人の信心はただ一つのもの、変わりなきものであります」とお答えなされたが、お弟子どもは納得されず、「そんなばかなことがありえようか。どういうわけでそんなことを言うのか」と疑い、親鸞聖人を責められましたので、これでは結局法然聖人の前でどちらが正しいかを聖人によってきめていただくよりほかはないと、その議論のありさまを申し上げたところ、法然聖人が仰せられるには、「この源空の信心も阿弥陀さまから賜った信心である。善信房の信心も阿弥陀さまから賜った信心である。だから、その信心はまったく同じであり、変わりはない。別の信心を持っている人は、私が行くであろう浄土へは決して行かれないであろう」(4)

ここで法然は、浄土、つまり真実が、ただ一つではないことを示唆している。

では、ユング派分析家にとっての「信心」とは何を意味するのだろうか。もちろん、ユングという一個人への信仰という意味ではない。これには、自分だけの小さな真実(truths)や浄土(pure lands)へと導きうる道を開いてくれたユングへの感謝も含まれるだろう。ユング派分析家はこの道を「個性化(Individuation)」と名づけたり、中世の錬金術師が卑金属から金に精錬する試みとしてなされた「大いなる業」と呼ばれるその過程と比較したりすることを好む。錬金術が全宇宙と結びついた業であるというのであれば、「大いなる業」という用語はふさわしいものである。しかし、今日において、私たち個人の魂の成長が全世界に影響を及ぼすような壮大な意味を持つものとは捉えられていない。そのため、「個性化(individuation)」と小文字で表現することが適当で宇宙規模の事象に比べれば小さな業と考えたほうがよいだろう。

とはいっても、分析の仕事は一大事業である。そして、ユング派分析家を志す者がこの事業に取り組むためには、まず「縁で結ばれた」師匠を分析家として選ばなければならない。「縁で結ばれた」分析家と被分析者は、その互いのパーソナリティや経験の傾向が類似していることもあれば、異なることもある。類似している場合には、安心感が守られながら分析が進むだろうし、反対に異なる場合には、被分析者は自分の隠れた側面を知り、それに触れる機会が与えられることになる。被分析者自身が受けとめられていることを知りながらもなお、自分でやっていかなければならないことを気づかせてくれる者が「良い師」であって、決して共生関係で生きる者のことではない。また、自分が「師」として必要とされなくなる時まで力を尽くす者であって、決して被分析者にしがみついたり、また被分析者をユング的「ダルマ（Dharma）」でもある分析心理学の理論にあてはめようとする者ではない（前述の理由から、ここでも「dharma」と小文字で表現されるべきであろう）。

分析心理学の真実がユング派分析家の人生と統合されていなければならないとする限りにおいては、その道は仏教徒の修行と似ているかもしれないが、彼らの苦行を考えると、この二つの道が同等であるとはいい難い。ただし、その道とは、石だらけとか、ぬかるんでいるといったような道路のことでない。道は、その上を歩く人があってできるものである。よろめいたり、つまずいたりする人もあれば、すいすいと急な坂を越えていく人もあるだろう。Den Seinen gibt's der Herr im Schlaf――「神に属する者は、眠っている間にひらめきが与えられる」のである。

●導入段階の「長い眠り」

この諺は、日本のある昔話を思い起こさせる。実は後になって、この昔話が『三年寝太郎』『こんび（垢）太郎』『わらしべ長者』を混合したオリジナル作品だったことを知ったのだが、ここでは問題にならないので下記に紹介したい。

昔、三年もの間、昼も夜も眠ってばかりいる一人の若者がいました。その間ずっと、年老いた母はわが子が腹を空かせないように、いつもその若者の面倒をみていました。

この様子は、日本における分析家とクライエント、あるいは分析家と被分析者との関係を描いているように思われる。筆者にしてみれば、このような被分析者が実にうらやましい。かつて、筆者が分析を受けた時は、幾度となく眠りや夢から揺り起こされたものだった。分析では、これまでの人生における楽しかったこと、そして、とりわけ楽しくなかった出来事と向き合わねばならなかった。こうした大変な作業を経て、完全な意識化の状態に達したことがなければ、「浄土」には到達できないはずだった。しかし、日本の昔話に登場する英雄たちは、いとも簡単に、かつ無意識のうちに事が進んでいるように思える。

三年後、若者は急に起き上がると、自分の体についていた埃や汗、皮脂をこすり落としました。長年風呂に入っていなかったために、その垢はたいそうな量となりました。そして、若者はその垢で人形を作りました。

古来、魂は皮膚に宿ると信じられていた。そのため、皮膚から排泄されたものは魂が込められていたものだった。シャワーを毎日浴びる世代の私たちにとって、垢は不潔以外の何物でもないが、かつては、いわば高度に処理された、強い力とエネルギーを帯びた錬金術的物質なのであった。つまり、垢でできた人形とは、この若者よりも高次元にある純度の高い姿、あるいは自己（self）なのである。

これは、ヒンドゥー教徒に愛される象頭の神ガネーシャ（シヴァとパールヴァティーの息子）の物語にも見ることができる。瞑想のために家を出たシヴァの妻パールヴァティーは子どもが欲しくなる。彼女は、自分の垢に油と軟膏とガンジス川の水を混ぜ合わせて息子を作る。すべてを彼女が一人で行ったにも関わらず、ガネーシャがシヴァの息子と信じられ、またシヴァ自身もそう受け入れたのは、シヴァが瞑想による精神力を通じて、精神的にガネーシャを創造する作業に参加したからなのであろう。創造の過程は、シヴァの深い瞑想状態の中で生じたのである。

ユング派の被分析者は、この様子をうらやましく感じるかもしれない。意識化せねばならない「魂の影の側面」と呼ばれるものとの葛藤なしに、そうもたやすく新しい人間を誕生させることができるのか。この日本の昔話は、闇の部分としての垢が、人形、つまり新しい人間と一体化した様子を現しているが、分析に比べたら、より無意識的で、より苦痛が少ない過程のようにも思える。

それから、若者は旅に出かけました。若者は道中で、泣きじゃくる赤ん坊を抱く女に会いました。若者は持っていた垢の人形を赤ん坊に差し出すと、その赤ん坊は嬉しそうに笑いました。赤ん坊の母親はお礼にみかんを三つ、若者に渡しました。その後、若者はそのみかんで富豪の娘の病を治すと、その娘の召使いはお礼に上等な絹の反物を三本、若者に渡しました。旅の途中で、その絹の反物は馬に交換され、その馬によって若者は若い娘を嫁にもらい、ついには富豪が所有する土地の相続人になりました。

旅は、分析心理学でいう個性化のプロセス、つまり魂の発達を表すものといわれている。この物語は、冒頭部分での主人公の長い眠りを強調しているが、これは、すでに一人前となった人間、つまり全人（homo totus）として旅を出発することを表しているのである。

西洋にも、眠りなどの導入段階を持つ物語はある。グリム童話の『白ヘビ』(6)を紹介しよう。


毎日、お昼の食事がおわり、テーブルがすっかりかたづけられて、だれひとりいなくなりますと、王さまの信用しているひとりの召使いが、料理をもう一皿もってくることになっていたのです。けれども、その皿には、ふたがしてあるので、中になにがあるのかは、運んでいく召使いにもわからないし、だれにもわかりませんでした。というのも、王さまは、ほんとにひとりっきりになるまでは、けっして皿のふたをとらず、中身を食べもしなかったからです。

こういうことがずいぶん長く続きましたが、とうとうある日、お皿をさげてきた召使いは、中身が知りたくてたまらなくなり、その皿を自分の部屋にもちこみました。

それから、用心深く戸をしめきって、皿のふたをとってみると、中にはいっていたのは、一ぴきの白いヘビでした。それを一目ながめると、召使いは、食べてみたくてたまらなくなり、一きれ切って、口に入れました。ところが、それが舌にさわったとたん、窓の外から、細くてきれいな、ふしぎなささやきが聞こえてきました。窓ぎわに行って、耳をすましてみると、それは、スズメたちの声だとわかりました。（中略）白ヘビを食べたので、召使いには、動物のことばがわかる力がさずかったのです。


この物語では、家来がふたに覆われた皿の中身を知らないまま、実に長いことそれを王の食卓に毎日運び続けていた段階がある。そして、とうとう家来が好奇心を抑えきれずに、皿のふたを開けて、皿に載っていたヘビを食べてしまうのである。そして、動物たちの言葉が分かるようになったことが、その家来を旅立ちへと向かわせるのであった。旅は、魂の成長の比喩であるが、それは親鸞のいう易行の門に入り、それをくぐるというイメージを彷彿させる。

「門」が意味するもの

●移行と変容

それでは、門が何かについて考えてみよう。門とは異界への通路であり、また異界の存在を証明するものでもある。

門にはいろいろな種類がある。その文化における特定の用途に応じて門の形状や大きさは大きく異なるが、本論のテーマは『歎異抄』なので、イマジネーションを展開させる具体的かつ実質的な始点として、日本の寺の門を中心に見ていきたい。日本の寺院の門は、外から寺に入るときに最初に入る建物のことである。その建物を通り抜けると、その先の世界にたどり着く。門は、玄関ホールのような役割を持ち、移行のための場所といえるだろう。

ここで、移行のための場所として重要な役割を果たしている門が、グリム童話『ガチョウ番の娘』(7)にも登場するので紹介したい。

さて、いよいよお嫁入りのときがきて、お姫さまは見知らない国に旅だつことになりました。
(中略) とうとうお別れのときがくると、年とったお母さまは、(中略) 白い小さな布きれを指の下にあてがって、そこに血のしずくを三つたらすと、そのきれをお姫さまにわたして、いいました。

「かわいい娘や、これをだいじにしまっておき。いずれ途中で、いるようになるからね。」

（中略）お姫さまは、小さいきれを胸のあたりにしまい、馬に乗ると、花婿のところへと旅をつづけました。

（中略）お姫さまは、あんまりのどがかわくので馬からおり、小川の上にかがみこんで、水を飲みました。

（中略）こうして水を飲みながら、ぐっと体を乗りだしたとたん、血のしずくが三つついた、あの小さいきれが、胸もとからこぼれ落ち、水のまにまに流れていってしまいました。

（中略）侍女はこれをながめると、これで花嫁をどうにでもできるぞと、うれしがりました。なぜといえば、この血のしずくをなくすといっしょに、お姫さまは弱くなり、人の上に立つ力をなくしてしまったからです。

（中略）侍女は、荒っぽいことばでお姫さまにいいつけ、いま着ている王女の衣装をぬがせて、自分のそまつな着物を着させました。そして最後に、お姫さまは、むこうの王さまの御殿に行っても、このことはどんな人にも話さないと、大空のもとで誓いをたてさせられました。（中略）けれどもファラダ［人語が操れる王女の馬］は、こんなようすをすっかり見て、ちゃんと心にとめておいたのです。

（中略）とうとう王さまのお城につきました。（中略）王子は急いでとんでくると、侍女を馬からおろしてやりました。これが自分の妃だと、王子は思っていたのです。

（中略）にせ花嫁は、自分がお姫さまになにをしたか、あの馬がしゃべったらたいへん、とそれをこわがって（中略）、忠実なファラダは殺されることになりました。そういうわさが、［ガチョウ番をさせられていた］[8]ほんとうのお姫さまの耳にもつたわり（中略）お姫さまは、その皮をはぐ人にこっそり会って、「わたしのために、ちょっとした仕事をしてくれたなら、お金をあげますよ」と約束しました。（中略）「あの暗い門の下に、ファラダの頭を、くぎでとめてほしいの。わたしが、ときどきあれに会えるようにね。」

皮をはぐ人は、そうしますと約束して、馬の頭を切り落とすと、暗い門の下のところに、くぎでしっかりうち

つけました。（中略）
「おお　ファラダ、おまえはそこにかかっているのね」
すると、ファラダの頭が答えました。
「おお　お嫁にいかないお妃さま／そんなようすでおでかけですね
お母さまがこれを知ったなら／心臓がはりさけてしまうでしょう」
すると、お姫さまは、だまって町からでていき、ガチョウたちを追いかけながら、野原に行きました。

移行の場所である門の外の野原、つまり向こうの世界では、姫は侍女の脅威から解放されていた。そこでガチョウの番をさせられていた娘は、姫としての権力と不思議な力を取り戻したのである。またそこで、姫の不可解な行動にいらだって王に告げ口をした厄介者のガチョウ番の少年から身を守ることができたのである。王は門に隠れてファラダと姫の会話を立ち聞きしたことで、真実が明らかになり、ガチョウ番の娘は晴れて王子の本当の花嫁としての地位を取り戻したのである。

この物語に登場する門は、移行としての役割と同時に、変容が行われる場所としての役割も示されている。一つは、ガチョウ番の娘から本来の姫への変容、もう一つは母に守られたあどけない無垢な少女から自分の運命を何とかしようと行動を起こす自立した一人の女性への変容である。さらに、門は真実が見いだされた場所でもある。現代においては、映画『羅生門』（黒澤明監督、一九五〇年公開）のように、真実というよりもむしろ、事実や主観的事実と表現したほうがよいかもしれない。

前述した日本の昔話では、男の魂の異なる側面を示しながら、その男の持ち物が人形からみかん、絹の反物、馬、妻、土地の財産相続へと変わっていくことが、門をくぐることを象徴的に表している。グリム童話では、命の水、金、姫といったものを自国に持ち帰ることを目的に、主人公はたいてい旅に出て、別世界への境界線を越える。しかし、日本の昔話では、主人公の旅に出る理由が不明確である。一見、ただ旅をしているだけのようにも見えるのである。しかし、その旅の途中で母親や子どもの苦しみに遭遇すると、若者は全人格をもって事にあたり、人形を無償で与える。その代わりに、若者はみかんを手に入れる。このみかんの果汁によって、若者は富豪の娘の病を癒す。これは命の水に相当するものといえる。また、果物のお礼に得た高価な絹の反物は金に似ている。さらに、女（姫）が妻として与えられる前に、絹の反物が馬へと交換される取引が行われているが、馬は、力や生命力の象徴であり、物語の冒頭部分の眠りや夢うつつの状態にある魂とは対極にあるものを意味する。若者は旅路で、完全な人間となるためのすべての資質を発揮したのである。それによって、富豪の所有する土地の相続人となることができたのである。

●自我からの解脱

『白へビ』(9)では、主人公である家来は三つの課題を果たさねばならなかった。しかし、そのためには、家来は日本の昔話の主人公が通った経験と同じような経験をくぐり抜けなければならなかった。

（中略）召使いの若者は旅にでましたが、するとある日、一つの池のわきを通りかかりました。ふと見ると、三びきの魚がアシのしげみにひっかかって、動きがとれず、水をほしがって、口をぱくぱくさせているのでした。（中略）若者は心のやさしいたちなので、馬からおりると、とりこになっている三びきを、また水にはなしてやりました。（中略）

「あなたのことは忘れません。助けていただいたご恩返しは、きっといたします」

若者は、また、馬で乗り進んでいきましたが、しばらくすると、足もとの砂の中から、声が聞こえたような気がしました。耳をすましてみると、アリの王さまが、こんなふうになげいているのです。

「まったく、人間っていうものが、動きの不器用な生きものたちに、近よらないでくれるといいのだが！（中略）」

そこで、若者が馬をわき道にそらしてやると、アリの王さまは、さけびかけました。

「あなたのことは忘れません。きっと、ご恩返しをいたしますぞ」

道をたどっていくと、いつしか森にはいっていきました。すると、そこでは、カラスのお父さんとお母さんが巣のわきにとまって、子どもたちを巣からほうりだしていました。（中略）かわいそうな子ガラスたちは、地面にころがったまま、はえたての小さいつばさをバタバタさせて、さけびました。

「ああ、もうだめだ！　ひとりで食っていけなんていったって、ぼくたち、まだ、飛ぶこともできやしない！このまま、飢え死にするよりしかたがないや！」

そこで、人のいい若者は馬からおり、剣で馬をさし殺すと、それを子ガラスのえさにしてやりました。子ガラスたちは、ぴょんぴょんはねてきて、おなかいっぱい食べると、さけびました。

「あなたのことは忘れません。きっと、ご恩返しはいたします」


この後、この主人公である若者が姫と結婚し、老いた王の跡取りとなるためには三つの課題を果たさねばならなかったが、かつて若者によって助けられた動物たちが、恩返しをしようと若者のもとにやってくる。魚たちは海に投げ込まれた指輪を若者に届け、アリたちは草の上にばらまかれた粟粒をすべて拾って十の袋に集め、子ガラスたちは、生命の樹から林檎を取ってきてくれたのだった。馬に象徴される己の力や強い自我を殺した後に、若者は別世界から加勢に駆けつけた動物たちとコンタクトを取ることができたのである。

『白へビ』も日本の物語も、個人的な損得を勘定に入れずに、慈愛を行動化し、その時に求められていることを行うことをテーマに扱っている。この観点において、このテーマは仏教徒の行いの原理と似ている。仏教伝道文化賞受賞者の海野大徹によると、まず、根源的実在としての仏はすべてに内在しており、生命と創造の根源であるという。この根源は自然にエネルギーを注ぎ、それにより草木や土地［そして動物］(10)が本来備わる能力を発揮する。また、同じ根源によって人間は自我から解脱でき真の人になれるという(11)。念仏を唱えることで、完全に阿弥陀仏を信じることとなり、「仏の持っている大きな愛の心、大いなるあわれみの心でもって、思うように生きとし生けるものを救いとり、生きとし生けるものに利益を与えること(12)」ができるのである。

自我からの解脱は分析でも生じる場合がある。つまり、分析が展開する場所も一種の門、あるいはそれ以上のものであり、さらには分析のプロセス自体もまた、門といえるのである。門の外は私たちが生き物として生きる日常の世界であり、また門の先には完全に自己実現した人間の地がある。親鸞の言うところの光り輝く極楽浄土である。「無限の光」としての光は、人間の存在の最も暗い深淵部分を照らす叡智を象徴している(11)。

被分析者は、分析を通して、ユングのいう、小さくもかけがえのない光である意識を深め広げることで、影と呼ばれるこうした魂の闇の部分を見つけなければならない。この光は、「あらゆる危険を冒してもこの光だけは夜じゅう、風の中で守らなければならぬ」ものとしてユングの夢に現れた。目覚めたとき、ユングは、この小さな光こそ自分の意識であることが「わかった」という。ユングは自伝で、「私の自分についての理解は私の持っている唯一の宝物であり、最も偉大なものである。暗闇のもっている力に比べると、きわめて小さくかつ力弱いけれども、それはなおあかりであり、私だけのあかりである[13]」と述べている。この、ユングの言う光と「無限の光」との違いは何か。どちらも闇を照らすあかりではある。しかし、前者はあくまで、自分のみが関与する個人の獲得物や所有物なのである。

●門に入る葛藤

では、そうした門にはどのように入るべきか。日本の寺には、二人の門番である仁王が入り口の両側に立ち、悪霊から寺を守っている。仁王の一人は口を開け、もう一人は口を閉じているが、それは生（阿：アイウエオの最初の音である「あ」はアルファベットのアルファに相当し、始まりを意味する）から死（吽：アイウエオの最後の音である「ん」「うん」はアルファベットのオメガに相当し、終わりを意味する）までに起こりうる、すべての事象を象徴的に意味する。門をくぐりたいと願う人は誰でも、人生に立ちはだかるあらゆる出来事を心に留め、二人の王の度胸と勇気を携えるべきなのである。

このことは、カフカの『掟の門[14]』に登場する田舎から来た男を想起させる。

掟の門前に門番が立っていた。そこへ田舎から一人の男がやって来て、入れてくれ、といった。今はだめだ、と門番は言った。男は思案した。今はだめだとしても、あとでならいいのか、とたずねた。

「たぶんな。とにかく今はだめだ」

と、門番は答えた。

掟の門はいつもどおり開いたままだった。門番が脇へよったので、男は中をのぞきこんだ。これをみて門番は笑った。

「そんなに入りたいのなら、おれにかまわず入るがいい。しかし言っとくが、おれはこのとおりの力持ちだ。それでもほんの下っぱで、中に入ると部屋ごとに一人ずつ、順ぐりにすごいのがいる。このおれにしても三番目の番人をみただけで、すくみあがってしまうほどだ」

こんなに厄介だとは思わなかった。掟の門は誰にもひらかれているはずだと男は思った。しかし、毛皮のマントを身につけた門番の、その大きな尖り鼻と、ひょろひょろはえた黒くて長い蒙古髯をみていると、おとなしく待っているほうがよさそうだった。門番が小さな腰掛けを貸してくれた。門の脇にすわってもいいという。男は腰を下ろして待ちつづけた。何年も待ちつづけた。その間、許しを得るためにあれこれ手をつくした。くどくど懇願して門番にうるさがられた。

（中略）そのうち視力が弱ってきた。あたりが暗くなったのか、それとも目のせいなのかわからない。いまや暗闇のなかに燦然と、掟の戸口を通してきらめくものがみえる。いのちが尽きかけていた。死のまぎわに、これまでのあらゆることが凝結して一つの問いとなった。これまでついぞ口にしたことのない問いだった。（中略）

「誰もが掟を求めているというのに――」

と、男は言った。

「この永い年月のあいだ、どうして私以外の誰ひとり、中に入れてくれといって来なかったのです？」

いのちの火が消えかけていた。うすれていく意識を呼びもどすかのように門番がどなった。

「ほかの誰ひとり、ここには入れない。この門は、おまえひとりのためのものだった。さあ、もうおれは行く。ここを閉めるぞ」

田舎から来た男は、入ろうと思えばいともたやすく、いつでもその門に入ることができた。門は彼だけのために存在していたのだった。しかし、彼は内奥の自己ではなく、外に向けられた事柄に触れようとしてはみるが、恐ろしい門番という明らかな困難に直面すると、途方に暮れるのであった。つまり、この門番は、門をくぐるための一歩を踏み出す決断に対して、彼自身が抱いている恐れや疑いの象徴なのである。男は、目の前に広がる開かれた世界を信用することができず、「まだ掟とすり合わせるには早い。もう少し待つべきだろう」と疑ってみたり、考えをめぐらせてみたり、解釈してみたりした。実際、掟、つまり光はいつもそこにあったにもかかわらず、男はすいすいとそこへ到達するのではなく、何とか門番を動かそうとする自分の行為がかえって高い障壁となり、その光に気づかなかったのである。カフカの言う道理とは、仏教でいうダルマ（the Dharma）であり、心理学でいうところの真実（the Truth）やありのままの現実である。それは、私たちが常にその中に存在し、なおかつ私たちの内に存在しているものである。魚が水の中にいるように、私たちが泳いでいるその環境のことである。しかし、たいていの場合、自我の世界にとらわれているために、それに気づくことはないのである。

日本の寺では、高い敷居によって、不用意に聖域内に立ち入らせないようにしてある。また、真実の御前に詣でるにあたっては、手や口を洗うことで、己を清める。これは、この時すでに、世俗の雑念にとらわれている自我の人格としてではなく、別の者として足を踏み入れるということを心理的に意味しているのである。

前述の通り、昔話には、主人公が敷居をまたぐにあたっての前準備段階がある。日本の昔話の若者は、活躍する前に長いこと眠っていた。グリム童話の召使いは、タブーを破り、皿のふたを開けてしまうまで、長いこと王に仕えていた。「何かが欠けている」「何かが足りない」「壁にぶつかっている」と感じて分析を受けることを決意するまで、たいてい長い時間を要するものなのである。

●門を抜ける困難

門に入ったら、そこをくぐり抜けなければならない。しかし、門をくぐり抜けることは、日本の昔話の場合のように、常にたやすいとは限らない。グリム童話ではたいてい、奮闘、失敗、そして最終的な成功が、三人兄弟に与えられる三つの試練という形で割り当てられる。最初の二人が失敗し、末っ子（それも間の抜けた人物であることが多い）が成功することがほとんどである。これを示すグリム童話『三枚の羽』[15]を下記に紹介しよう。

王に三人の息子があって、それぞれ世界じゅうへ出かけて行って、いちばん上等な亜麻布（リネン）を持って帰って来た者が、彼のあとをついで国を治めることになっていた。王は宮殿の前に立って三本の羽に息を吹きかけ、それぞれの羽の飛んだ方向へ、三人は出かけていかなければならなかった。一本は西の方へ、それを追って一番上の息子が。一本は東へ、それを追って二番目の息子が。しかし三本めは宮殿からそんなに遠くないところにあった石の上に落ちてしまい、上の二人は三番目の弟、あの阿呆がここに残って、亜麻布をその石のそばで見つけなくてはいけないと言って、笑った。その阿呆が石の上にすわって泣きながら前へ後ろへと動いているうちに、石が動いて、その下に四角い大理石と（石の持ち手の）輪が一つあったので、大理石を上げてみた。いく段かの階段があってそれを降りて行くと、きれいな地下室に出た。そこでは若い女性がすわって熱心に糸を紡いでいた。彼の悩みを訴えたら、その若い女性はこれ以上の物はないと思われるほどすばらしい亜麻の布を紡ぎ、彼に、外に出て父親のところへ持って行くように行った。彼が外に出てみたら、兄弟たちも亜麻布といっしょにもうとっくに帰っていたが、阿呆の持ち帰った布がいちばんすばらしかった。案の定、二人の兄はそれに納得がいかないと言い、王は新しい三本の羽をもう一度吹き飛ばし、いちばん上等のじゅうたんを持ち帰るように言った。二人の兄はまた西と東に行き、阿呆の羽はまたもや石の上に落ちた。彼がめんどうがらずに下に降りていくと、あの若い女性がものすごくすてきなじゅうたんを織っているのを見つけた。それを持って上がると、それは二人の兄たちのよりもすばらしかった。

この問題でも、またその次の問題でも二人の兄たちは失敗したため、とうとう兄たちは四問目の問題を出題するよう王さまにせがむのだった。

大広間のまん中に輪を高くつり下げ、そこに飛びつくことができた婦人を連れてきた者が、王のあとを継ぐことにすればいいと言った。王が仕方なくそれを許し、その三人の婦人がそれに飛びつこうとしたけれど、二人は充分な高さまで届くことができず、落ちて死んでしまい、あの［三番目の息子が連れてきた、王がいちばん美しいと決めた］婦人(15)だけがはじめて高いところまで届き、両方の手でその輪をしっかり握り、ぶら下がった。だから阿呆は王に、彼女は王妃になった(16)。

この物語の冒頭にも、浄土の秘宝を手にいれるために不可欠な条件が示されている。退行という準備段階によって、主人公は内奥の自己と出会い、同時にその先の世界が主人公に開かれていくのである。実際、彼の最奥の自己とその先の世界は同一のものである。

さて、王の三人の息子は、別の次元にたどり着くためのそれぞれのモチーフとして捉えるべきである。話の結末で明らかとなるように、いくつかの挑戦と失敗を経た後に、最終的に成功を勝ち取るのである。

●門を見つけること

人は念仏を唱えながら「廻心」することでその門に入るのだと、親鸞は説いた。廻心とは、これまでの心では門の先にある浄土へ往生できないと気づいた人の心の変容のことである。また、親鸞は、廻心はたった一度しか起こらないと考えた(17)。

自己のすべてをかけて念仏を唱えることによって他力、つまり仏とともに黙想に没頭できるとされている。ここでの仏とは存在としての仏ではなく、「無限の光と命」である。海野によると、死に至る運命にある私たちの有限な命は、始まりもなければ終わりもない、計り知れない命を表すものでもあり、計り知れない光と命は私たちを真の人間たらしめるものでもあるという。阿弥陀仏の本願である「南無阿弥陀仏」を唱えることで、この真理は現実世界にもたらされるとされる。この深い願いは、全人類の心に触れるため、我々を妄想から解放させるものと考えられている。念仏を唱えることは、この死を運命づけられた限りある、不完全で過ちを犯しがちな私たちが、阿弥陀仏という無限の光と命によって支えられているということを認めることである(11)。

ユングの「自己（self）」と「〝自己〟（the Self）」についての理解と、自分自身という小さな自己（self）が命の一体性としての大いなる〝自己〟（the Self）である阿弥陀仏（無限の光と命）に包含されていることの直接経験とは、根本的に同じなのではないか。

海野は、仏教においては、自己も仏も、不動不変の物体ではなく、常に生成を続ける力動的な現実の流体的な一側面であるとしている。

この視点は、私にW・ギーゲリッヒの魂の概念を強く思い起こさせる。それは、魂と思考は二つの異なるものではなく、ただ一つのもの、という考えである。魂とは、現に生じている論理的かつ思考的な命そのものであり、それ以外に、文字通り実証される魂などはないとされる。しかし、客観的に思考することそのものが、これまで「魂」と呼ばれてきたのである。(18)

ひたすら念仏を唱えることに専念すると、自己中心的な損得勘定や不安を忘れるので、自然の理にかなった人生に導かれ、楽に生きることができるとされる。有限の存在の私たちが妄想のとらわれから解放され、そこに最も自然でのびのびとした命が現れるのである。(11)

しかし、そうした魂の状態はいともたやすく失われてしまう。中国の昔話で、自然のそばで暮らす木こりが浄土や桃源郷の入り口を偶然見つけるといったものがある。木こりはそこでしばらく幸せなひとときを過ごすのだが、やがて家が恋しくなり、家路につく。ところが、木こりはまた桃源郷に戻りたくなり、その入り口を探そうとするも、二度とそれを見つけることができない、という話である。

自力から離れていれば、加護を受けて浄土の門を見つけることができる。『歎異抄』に示されているように「即身成仏」できるのである。しかし、それをコントロールしようとしたり、あるいはそこに入ろうと自分のやりかたを推し進めようとすると、その門は二度と見つからない。

このことは、道教の無為や、親鸞の易行の本質と同じである。計略を持たずに、ただ在るということである。この魂の状態は、無限性（阿弥陀仏）によって支えられた有限性（人間）について徐々に深められていく自覚としての「スピリチュアリティの進化」を通して到達されるものである。(11)

分析では、被分析者のこと、被分析者の経歴、周囲の出来事や個人の問題といったことよりもむしろ、魂に焦点を当てる。つまり、被分析者本人の「器」の中で、またそれを通じて、論理的に思考する命そのものに焦点を当てるのである。そこにプロセスの目標や、被分析者が到達すべき結論を設定することなしに、被分析者の夢やファンタジーを共に観察していくのであり、常にあるがままの状態でとどまるのである。これが、分析においての「易さ」である。

『白ヘビ』に登場する召使いは、旅の途中で出会った、苦しんでいる動物たちに対して、見返りの一切を勘定せずに、なされるべきことをしただけである。最後にこの召使いが姫を得て王になることができたのは、この無私無欲の態度によるものであった。

昔話にはたいてい正直者と利口者とがあって、主人公となる者は正直者であることが多い。『歎異抄』でも善と悪（凡夫）とがあるが、同書では、善人と比べて、悪人や凡夫の方が浄土に往生できやすいことを強調している。

善人ですら極楽浄土へ行くことができる、まして悪人は、極楽浄土へ行くのは当然ではないか、私はそう思いますが、世間の人は常に反対のことを言います。悪人ですら極楽へ行くことができる、まして善人は、極楽へ行くのは当然ではないかと。[19]

グリム童話は、「適切に行動することへの意識」を示唆するものといえる。利口者は当然のことながら、浄土や真実報土での往生においては役立たない「策略」や「陰謀」を計る危険性が高い。『三枚の羽』に登場する上の二人の兄は、そのような利口者であった。知識に基づき、二人の兄は最も上等な亜麻糸とじゅうたんがどこで見つけられるかを策略し、それなりに美しい品物を持ち帰るが、あくまでもその程度のものだった。『歎異抄』は「自分のはからいでないものを自然[20]」と示している。つまり、自我から解放された真の人間が浄土で往生するものだと『歎異抄』は述べている。自分から計画や策略をしなければ、適切な出来事はいともたやすく身元に訪れ、それは出来事のほうから訪れるものなのである。

古今東西、門を通り抜けられる人もいれば、そうでない人もいる。門に入りたがらない人さえいる。当の唯円もこう述べている。

「念仏を申していましても、どうしたわけでしょうか、念仏すれば自然に生ずるといわれる、踊りたくなるような、とびはねたくなるような強い喜びの心がちっともわいてきません。また、楽しいはずの極楽浄土に早く行こうとする気もさっぱりございません。これは一体全体どうしたことでございましょうか」と、私が親鸞聖人におそるおそるお尋ねしたところ、親鸞聖人は、「実をいえば私も、自分の心にそういう疑問を感じていた。唯円房も同じ心であったか」と言われて、次のようにお答えになりました。

あなたの第一の疑問ですが、よくよく考えてみますと、本来念仏すれば、天に踊り地に踊りたくなるような喜びを感じるはずなのですが、われわれはそれを一向に喜ばない。しかし、喜ばないから、かえってわれらの極楽往生は間違いないと思わなければならないのです。喜ぶべきことを喜ばないようにさせるのは煩悩のせいであります。（中略）また、早く浄土へ行こうという心がなく、ちょっと病気でもすると死ぬのじゃないかと心細く思われることも煩悩のせいであります。遠い遠い昔から、生まれかわり死にかわりして流転してきた、この苦しみに満ちた故郷が捨てかねて、まだ生まれたことのない安らかな浄土を恋しく思わない。それも、われらの心にさまざまな煩悩がむらがり起こって盛んな証拠。（中略）もしも躍り上がり、飛び上がりたくなるような強い喜びが心にあったり、急いで浄土へ行きたいと思うような場合には、われらの心に煩悩がないのではないかと、かえって極楽往生のために都合が悪いと思われるのであります。(21)

おわりに――漱石の『門』

ここで、最後に、夏目漱石の小説『門』の主人公、宗助を紹介する。宗助は、二人の前身、三四郎（夏目漱石『三四郎』）と代助（夏目漱石『それから』）の失敗の後を引き受けた、いわゆるグリム童話の三課題目に直面した主人公である。つまり、宗助はついに「お姫さま」を手にする主人公である。しかし、人生に突きつけられた事柄に沿うように行動した後に姫を手にしたわけでもなければ、三課題のいずれもまだ宗助は達成していなかった。永い眠りから目を覚ました彼は、社会が罪とみなす行為を犯して彼女を手にした。宗助と彼の妻は、社会から排斥され、罪の影に隠れて孤立した生活を送っていた。それまで、宗助は「すべての創口《きずぐち》を癒合するものは時日である(23)」という格言を信じていたのだが、突然、彼の過去が、表面的には静かであった彼の生活を侵入してくることによって、その考えは「すっかり崩れた(23)」のであった。「彼は根の締らない人間として、かく漂浪の雛形《ひながた》を演じつつある自分の心を省みて、もしこの状態が長く続いたらどうしたらよかろうと、ひそかに自分の未来を案じ煩《わずら》った(24)」。

宗助は彼の人生の転機となるものに直面することになった。共生してきた妻と別れたとき、初めて彼は、自分の本当の姿に気づくことになったのである。共生関係においては、自己を明け渡して自分の欲求を忘れるが、このような魂の状態を放棄すると、人は必然的に「漂浪の雛形」のように感じるものである。しかし、この感情は、これまでなおざりにされていた自分自身を知ろうとする活動に導くものとなりうる。現代人を分析に導きうるものなのである。

> 彼は黒い夜《よ》の中を歩るきながら、ただどうかしてこの心から逃れ出たいと思った。その心は如何にも弱くて落付かなくって、不安で不定で、度胸がなさ過ぎて希知《けち》に見えた。彼は胸を抑えつける一種の圧迫の下《もと》に、如何にせば、今の自分を救う事が出来るかという実際の方法のみを考えて、（中略）その時の彼は他《ひと》の事を考える余裕を失って、悉く自己本位になっていた。今までは忍耐で世を渡って来た。これからは積極的に人世観を作り易《か》えなければならなかった。（中略）心の実質が太くなるものでなくては駄目であった(23)。

その昔、多くの人々にとって、物事の方向性を指し示すものといったら宗教であって、その範囲は人生に留まらず、死の過程、さらには死の先のものにまで及んだ。しかし、それは、近代化によって発達した個人の内なる自己というよりも、むしろ人間の集団コミュニティに方向性を与えてくれたものである。今日、自分たちの内奥のものを知るために、魂の深淵に意識を向けさせようとする分析家を訪れる人もいる。このような人たちにとって、自分の核と接触していることが彼らの人生哲学になることがある。そして、「自分たちは自己にしっかりと根差している」と感じるのだ。しかし、もしこの自己が「漂浪の雛形」であるとしたら、この根差した感覚が妄想にすぎないということがわかるのである。

失意のどん底にあった宗助は、坐禅をしていた級友のことを思い出した。当時の宗助はその級友を嘲笑したのだが、「もし昔から世俗で云う通り安心《あんじん》とか立命《りつめい》とかいう境地に、坐禅の力で達する事ができるならば、（中略）遣って見たいと思った(25)」。苦難の逃げ場がなく、すべての企てが尽きたとき、人びとは宗教に逃避する傾向がある。「彼は行く行く口の中で何遍も宗教の二字を繰り返した(23)」。彼は、絶望的な状況から逃げることを欲し、この世での悟りを目指すために禅という難行に挑戦することにした。

親鸞の教えを念頭に置くと、ここには二つの問題点がある。一つは、宗助の自己中心的態度である。彼は自分のことだけしか考えず、彼の罪に関わりのある、あるいはそれによって傷ついた他者に対する思いやりに欠けている。もう一つは、それらを引き受けることについての彼の態度である。彼は何かに挑戦してみたがる。挑戦とは、自我の人格による行動であるが、どうしたら自我は悟りにたどり着けるのだろうか。悟りとは、自己を照らすものであり、また全人として追い求める必要のあるものである。それは、ほんのわずかな人のみが達成できる業であり、法然や親鸞さえも推奨していない。「この世において煩悩や悪障を断ってしまうのはたいへんむずかしいので、真言や法華を行ずる清い坊さんですら、即身成仏とか六根清浄とかいいながら、やはり来世において悟りを開こうといのるのであります[26]」。

宗助は、悟りを追い求めているわけではなく、安心の境地を再び得ることができるなら十分であると思った。彼は、参禅のために十日ほど仕事を休み、「一封の紹介状を懐《ふところ》にして山門《さんもん》を入った[27]」。宗助は、山門を叩いた時もなお、世俗世界に住み続けた。たとえば、十日は会社においては長期間であるので紹介状がとても役立つ。しかし、そのような紹介状は、平素の宗助を紹介するものであって、宗助そのものを紹介するものではない。さらに、この段階へとこぎつけるために、功みな策略がいくつも練られていた。「役所は病気になって十日ばかり休む事にした。御米の手前もやはり病気だと取り繕《つくろ》った[28]」。

「宗助と御米とは仲の好《い》い夫婦に違なかった[29]」。自分たちの力だけで生計を立て、「その他《た》には一般の社会に待つところのきわめて少ない人間であった。（中略）彼らに取って絶対に必要なものは御互だけで、その御互だけが、彼らにはまた充分であった。（中略）社会の方で彼らを二人ぎりに切り詰めて、その二人に冷かな背《そびら》を向けた結果にほかならなかった[30]」ので、彼らは自分たちの内なる世界に向かい「互の胸を掘り出した。彼らの命は、いつの間にか互の底にまで喰《く》い入った。二人は世間から見れば依然として二人であった。けれども互からいえば、道義上切り離す事のできない一つの有機体になった[31]」。結合と分離の力動プロセスにある二人の人間ではなく、たった一つの存在しかない「共生」を、関係とは呼べない。そのような共生状態で生きている場合、もう一方の存在に、「寺に入る」といった重要な段階を告げずにいることは、文字通り、半端な態度であり、最初から失敗する運命にあるといえる。変容が関わる禅の経験を真に理解することは、自分以外の存在と切り離すリスクを含む。宗助は、起こりうる事態に気づかないにも関わらず、何としてでも共生状態から脱することだけは避けようとした。この場面の宗助には、親鸞の洞察が当てはまるであろう。「遠い遠い昔から、生まれかわり死にかわりして流転してきた、この苦しみに満ちた故郷が捨てかねて、まだ生まれたことのない安らかな浄土を恋しく思わない。それも、われらの心にさまざまな煩悩がむらがり起こって盛んな証拠[32]」。しかし、山門の中で、「宗助は世の中と寺の中との区別を急に覚《さと》った。静かな境《けい》内《だい》の入口に立った彼は、始めて風邪《ふうじゃ》を意識する場合に似た一種の悪寒《さむけ》を催した[33]」。彼は、すでに門番から拒絶されていることを感じたのだろうか。そして、彼の部屋を見せられた時、彼は、「一人遠くに来た心持[34]」がした。こうした感情は昔話の主人公が感じることのないものである。宗助と妻は、『白へビ』の召使いのように、遠くまでさまよい歩いたにもかかわらず、実際のところ、いつも家にいるのと同じで、それは『三枚の羽』の末っ子が宮殿のそばの石に座っているイメージである。夫妻はいつも一緒で、それは境界を越えた時でさえもそうであった。宗助の半分は静かな山奥でその距離感に不安を感じていながらも、もう半分は騒々しい東京に残っていたのである。「けれども頭の中は、周囲の幽静《ゆうせい》な趣と反照するためか、かえって町にいるときよりも動揺した[34]」。

宗助は、公案を渡され、坐禅を組んだ。彼には、昔話の主人公と同様に、解くべき課題が与えられた。しかし、彼はしゃがみこんで泣くこともなく、動物たちが助けに来るわけでもなく、また魂の深淵からひらめきが生じるわけでもなかった。なぜなら、彼は最初からそれらを締め出していたし、また平素からの差別や策略に頼っていたからである。「頭の往来を通るものは、無限で無数で無尽蔵で、けっして宗助の命令によって、留まる事も休む事もなかった。断ち切ろうと思えば思うほど、滾々《こんこん》として湧《わ》いて出た。宗助は怖くなって、急に日常の我《われ》を呼び起して、室の中を眺めた(35)」。これで門に入ったとは言い難い。うっかり手や口を清めることなしに聖域に踏み込んでしまった宗助は、『掟の門』の門番、つまり彼に付きまとっていた考えに直面したのであった。しかし、

彼は山を出る前に、何とかこの間の問題に片を付けなければ、折角来た甲斐《かい》がないような（中略）気がしていた。眼が覚めている時は、これがために名状しがたい一種の圧迫を受けつづけに受けた。従って日が暮れて夜《よ》が明けて、（中略）あたかも後《うしろ》から追い掛けられでもする如く気を焦《いら》った。けれども彼は最初の解決より外に、一歩もこの問題にちかづく術《すべ》を知らなかった。彼はまたいくら考えてもこの最初の解決は確《たしか》なものであると信じていた(36)。

分析の過程は巡行である。同じ問題を何度も巡ることで、心の中にそれらを持ちこんだり、また、バラバラであったかけら（member）を再びつなぎ合わせること（re-membering）で記憶にとどめるのである。このプロセスは、仏教での公案を扱った方法と似ている。公案は老師によって外から与えられたものであった。一方、分析においては、取り扱う問題は自分自身の人生の問題である。最終的には、公案は最奥の魂に触れる必要があるため、日々の問題が人生に与える影響力は失われる。宗助は、日常においては正解とされる彼の答えが、なんら価値を持たないものであることに気づく。なぜなら、その答えの導かれ方が、バラバラになったものや失われたものをつなぎ合わせて新たな全体性へとまとめる作業によるものではなく、自分の頭の中に公案を詰め込んだのちに、まるで計算によってはじきだされた解のように得られたものだったからで

ある。

腹の中では大事がもう既に半分去った如くに感じた。自分は門を開けてもらいに来た。けれども門番は扉の向《むかう》側《がわ》にいて、敲《たた》いても遂《つい》に顔さえ出してくれなかった。ただ、「敲いても駄目だ。独りで開けて入れ」という声が聞えただけであった(37)。

宗助は浄土への興味を失った。彼は門をたたくことにうんざりして、誰も扉を開けて彼を中に入れさせてくれないことにがっかりした。それらすべてを彼自身がしなければならなかったのである。

この状況は、カフカの作品に登場する田舎から来た男の状況と全く異なるわけではない。カフカの作品の場合、ドアは開かれており、掟とはどのようなものであって、この場で自分はどう受け止められるのか、といった彼の魂から湧きあがる恐れとしての門番にたじろがなければ、その門に入ることができた。一方、宗助は悟りを得たがったが、ドアを開けるための鍵を見つけるのが思った以上に困難であった。宗助は、「どうしたらこの門の閂《かんのき》を開ける事が出来るかを考えた。そうしてその手段と方法を明らかに頭の中で拵《こしら》えた(37)」が、この明らかな手段は、かえってドアをぴっちりと閉めるボルトとなってしまうのであった。例のごとく、利口者の宗助は策略や計算をすることになるのだが、それによって門は固く閉ざされるのだった。親鸞もまた、門の前に立つとき、思考の無意味さを経験することになったのであろう。だから親鸞は、思考、計画、論理的計算といった鍵を捨て、『三枚の羽』の末っ子がしたように、石の上にがっくりとしゃがみこんで泣き、自分を頼ることをあきらめ、念仏を唱えることで阿弥陀の慈悲に自分自身を引き渡したのである。

しかし、宗助は「依然として無能無力に鎖《とざ》された扉の前に取り残された。彼は平生《へいぜい》自分の分別を便《たより》に生きて来た。その分別が今は彼に祟《たた》ったのを口惜《くちお》く思った」(38)。ここで一つの問題が浮上する。それは、分析はそもそもが分別や意識化の作業であるが、これと似たような追い詰められた状況において、被分析者は分析という作業をしないのではないか、ということである。親鸞の大きな門を開けるつもりなら開けようと試みるだろうが、自分たちの持っている鍵では開けられない場合、これまでのいわゆる「門（the One Gate）」から、現代の自分たちがなんとか開けて通れる小さな門や扉（small gates and doors）へと、対象とする門自体を変えてしまうのである。現代において仮に門というものがあるとしたなら、それは自分自身の門で、それを現代人はくぐるのである。

そうして始から取捨も商量も容《い》れない愚なものの一徹一図を羨んだ。もしくは信念に篤い善男善女の、知慧も忘れ思議も浮ばぬ精進の程度を崇高と仰いだ(39)。

心理学的には、現代人はこのような魂の状態にもはやない。人は、篤い信念の領域からは遠く離れてしまったために、そこへは振り返るだけしかできない。

彼自身は長く門外に佇《たたず》むべき運命をもって生れて来たものらしかった。それは是非もなかった。けれども、どうせ通れない門なら、わざわざ其所《そこ》まで辿《たど》り付くのが矛盾であった。彼は後《うしろ》を顧みた。そうして到底また元の路《みち》へ引き返す勇気を有《も》たなかった。彼は前を眺めた。前には堅固な扉が何時までも展望を遮《さえ》ぎっていた。彼は門を通る人ではなかった。また門を通らないで済む人でもなかった。要するに、彼は門の下に立ち竦《すく》んで、日の暮れるのを待つべき不幸な人であった(39)。

カフカの小説のように、夏目漱石の小説は、あきらめというとても悲観的なムードの中で終わる。それは、文化全体の篤い信念や宗教や神話に関連する大きな門に入ることを排除する近代世界における人間の条件（conditio humana）のようでもある。ユングもこの近代が直面する苦境に気づいていた。たくさんの民族の神話を研究したのち、彼はこれまで想像されなかったような洞察として、我々にはすでに神話を持ち合わせていないことに気がついたのである。

私は考えた。「お前は今や神話の扉を開く鍵を手にし、無意識へのすべての入り口を開くことができる」と。しかし、そのとき自分の心の中で何かがささやいた。「なぜすべての戸を開くのか」と。すると急に私が今までなし遂げてきたことは、いったい何ごとであったのかという疑問が湧いてきた。私は過去の人々の神話を解明した、つまり、人類が常にその中に生きてきた神話としての英雄について本を書いた。しかし、今日、人はどのような神話を生きているのか。キリスト教神話の中にという答えもあろう。「お前自身はその中に生きているのか」と自問してみた。正直に言えば、答えは「否」であった。（中略）「ではお前の神話は何か――お前がその中に生きている神話は何なのか。」ここまでくると、自分自身との対話は苦痛になってきた。そこで私は考えることをやめた。ゆきづまりにきてしまったのだ。(40)

ユングは、彼自身の神話を作ることによって、恐るべき空虚から自らを救うことを欲した。彼の神話とは、たとえば意識と、そして過去で価値をなした事柄が貯蔵される個人の魂についてである。個人の魂をつなぎとめる土台として機能しなければならないのが、無意識であり集合的無意識である。ユングは、求めるべき門を外的世界から私的世界のものへと変えたのだが、この変化に伴って、大きな門は小さな扉へ、その先の浄土は私的な天国へと変わってしまった。

今日において、「どうしたら私は浄土に続く易行の門に入ることができるのだろうか」という質問を掲げるのは、集合的というより個人的な発想から生まれるものであろう。そして、自分にとっての答えを与えるべき者は他ならぬ自分なのであろう。それは、どのように浄土を理解するのか、ということにつながっている。自分にとって浄土は何であるのか。どのような門や扉が浄土に導くのだろうか。

今日の西洋世界について言及するとすれば、ほとんどの西洋人は仏教を信仰しているわけでないし、また天国の神や永遠の命を信じる古代キリスト教を信仰しているわけでないと言ってよい。今日の私たちにとって、浄土はこの世に存在しているのである。大きな門は閉じられているどころか、存在すらしない。

現代人の私たちは精神的にも成熟してきている。しかし、権威主義的指針や強制的信条によって置き去りにされてもいる。私たちは、自分自身の天国を創りださなければならないのである。分析心理学ではソウルメイキングと呼ばれるが、この作業では、世界を私たちの魂に浸透させ、また私たちの魂が世界に対して透明であるようにするのである。私たちは最奥の自分に留まることができないし、自分たちを取り巻く世界と関わっていなければならない。この関係こそが、私たちを自分自身にも、また人生全体にも根づかせる。そして、この作業が私たちの易行となった時、私たちはまさに、浄土である魂の地へと続く門に入ったことになるのである。

●文献と注

(1) 梅原猛（訳）(2004)「歎異抄」『梅原猛の『歎異抄』入門』ＰＨＰ新書

(2) 前掲書（1）p.128.
(3) 前掲書（1）pp.128-129.
(4) 前掲書（1）pp.188-189.
(5) F・ホフマン（編）／大塚勇三（訳）（1986）『グリムの昔話1』福音館書店、愛蔵版
(6) 前掲書（5）pp.133-134.
(7) F・ホフマン（編）／大塚勇三（訳）（1986）『グリムの昔話2』福音館書店、愛蔵版 pp.202-209.
(8) 大括弧内引用者
(9) 前掲書（5）pp.136-138.
(10) 大括弧内筆者
(11) Unno, T. "How To Read the Tannisho." http://www.livingdharma.org/Tannisho/TannishoHowToRead.html（2012/02/28参照）
(12) 前掲書（1）pp.139-140.
(13) C・G・ユング／A・ヤッフェ（編）／河合隼雄・藤縄昭・出井淑子（訳）（1972）『ユング自伝：思い出・夢・思想』みすず書房 p.135
(14) F・カフカ／池内紀（編訳）（1987）「掟の門」『カフカ短篇集』岩波書店 pp.9-12.
(15) 筆者は『三枚の羽』としているが、その内容は初版以前のグリム・メルヘンの草稿であるエーレンベルク稿一七『王の三人の息子（阿呆）』と思われる引用であったため、後者の日本語訳を引用文として採用した。しかし、筆者の意志を尊重し、あえて原文のまま『三枚の羽』と表記した。
(16) フローチャー美和子（訳）（2001）『［初版以前］グリム・メルヘン集』東洋書林 pp.51-53.
(17) 前掲書（1）p.178.
(18) W. Giegerich (2010) *The Soul Always Thinks*. Spring Journal.
(19) 前掲書（1）p.136.
(20) 前掲書（1）p.180.
(21) 前掲書（1）p.147-150.
(22) 夏目漱石（1938）『門』岩波文庫
(23) 前掲書（22）p.194.
(24) 前掲書（22）p.193-194.

(25) 前掲書（22）p.195.
(26) 前掲書（1）p.175.
(27) 前掲書（22）p.197.
(28) 前掲書（22）p.198.
(29) 前掲書（22）p.148.
(30) 前掲書（22）p.148-149.
(31) 前掲書（22）p.149.
(32) 前掲書（1）p.148-149.
(33) 前掲書（22）p.199.
(34) 前掲書（22）p.203.
(35) 前掲書（22）p.206.
(36) 前掲書（22）p.220-221.
(37) 前掲書（22）p.223.
(38) 前掲書（22）p.223-224.
(39) 前掲書（22）p.224.
(40) 前掲書（13）p.245.

第五章　日本体験の再発見

――海外の心理臨床家との出会いを通して

名取琢自

秋田巌教授から、多くの海外の臨床家に出会った体験をもとに、日本と海外の心理療法家の比較を試みてはと誘われたことがシンポジウム参加のきっかけであった。本章は筆者の話題提供部分を整理・加筆したものである。

日本と西洋の精神文化の違いに関しては、明治期の日本人体験を内面から活写した小泉八雲の繊細な記述があるほか、河合隼雄や土居健郎も留学や国際経験で得た問題意識を心理学的に検討している。日本人の精神性に関しては、これら先達の明晰で豊かな分析に言い尽くされているとはいえ、シンポジウムのテーマ「日本的精神療法」に関連づけながら筆者の個人的体験と実感から述べさせていただくことはスリリングな試みであった。スイス留学中の恩師の一人、アドルフ・グッゲンビュール＝クレイグ氏はあるセミナーで、心の真実には常に矛盾が含まれていることを強調し、世間の一般的な説明図式にはそれ相応の「リアリティ」が含まれているが、「私の体験したリアリティでは、むしろ逆のこともある」として氏の個人的体験を述べられ、「私のリアリティもまた、リアリティの一部である」とコメントを加えられた。個人のリアリティは局所的・限定的ではあるが、それでもリアリティの一部なのだ。一般的真実を追究する心理学者の立場からすると、こう言い切るにはかなりの勇気がいるのだが、恩師の言葉に力を得て、あえて筆者の「リアリティ」を報告させていただくことにした。論点を明確にするため、誇張や単純化も生じている可能性を予めお断りしておきたい。

シンポジウムでは、アメリカのシェリー・シェパード氏から論文参加として届いた「国際的にみた日本の心理療法について」(次章掲載)を筆者が訳し、本章の内容に挿入する形で紹介した。氏は長期間日本に滞在して箱庭療法を実践された心理療法家であるとともに、夢の導きにより高野山で修行をされ、真言宗の僧侶となられた方である。日米文化の質の違いをまさに身をもって体験された方であり、その指摘は示唆に富み、筆者の論考を深め、補強していただいたことに感謝する。

「信じる」ことの三つの層

筆者は二〇〇二年から二年間、チューリッヒ・ユング研究所でユング心理学を学ぶ機会を得た。帰国後、二〇〇七年から二〇一六年の現在に到るまで、ほぼ毎年、研究所の集中プログラムにて、日本的・東洋的文化に根ざした体験や思考の様式を考察する趣旨のセミナーの講師を担当させていただいている。初回二〇〇七年のテーマは「心中と日本人の心」とし、自殺、自傷、甘え、といった、日本の心的状況と関わりが深い物語の一例として人形浄瑠璃の『曾根崎心中』を紹介した。翌年には『女殺油地獄』を素材として、隣人や家族のやさしさが主人公の「甘え」を引き出し、追い詰めていく局面を検討した。シンポジウム開催年(二〇一一年）には「冥界への旅」をテーマとして、日本神話、おとぎ話、漱石の『夢十夜』のテキストを読み込み、検討するセミナーを行った。これと並行して、ウルスラ・ヴァイス氏と共同で、「西洋と東洋の比較」セミナーを開催し、夢やおとぎ話、現代小説、映画作品など、多様な素材を持ち寄って深層心理の比較検討を続けている。ヴァイス氏も度々来日され、京都文教大学の大学院生向けに同趣旨のセミナーを体験する授業を提供していただいた。こうして、国内外の参加者と日本的心性をめぐる話し合いをするなかで、伝統的文化の影響が心の様々な深さの層に及んでいることが実感されることとなった。

前述の「冥界への旅」のセミナーで、『古事記』、『日本書紀』の日本の神々を紹介し、日本人の行動への影響について論じたところ、西洋の参加者から「とても面白い。ところで、日本の人たちは、本当にこの神話を信じているんですか?」と質問された。そこではたと気づかされたのである。日本ではアマテラスもスサノオも信じる必要がない。影響を薄々意識していることもあれば、あまり気づかないまま自然に受け入れていることもあるのだが、信じる信じないを問題にしなくても、神々は自然のままに生きて活動しているではないか。

ユング派分析家ジェイムズ・ヒルマンは、神話とは「一度も実際には起こっていないが、いつも起きているものである」(1)というサルスティウスの言葉を紹介している。まさにそのままに、日本神話は日本ではいつも活動し、作用しているのだ。登場する神々が「実在」したか、とか、そのままの姿で信仰されているかは問題ではない。仮に神々のイメージの形で語られている「何か」が生活の隅々でいつも作用しつづけている雰囲気が感じられるのである。西行の歌とされる「何事のおはしますをば知らねども……」(2)を引くまでもなく、神社の何もない空間にたたずむと、超自然的な精霊の息吹のようなものが容易に感じられる。歴史上、日本人は集団的に破壊的、暴力的な行為への突進を幾度か繰り返してきたが、これはまさにスサノオが暴れているかの如き現象である。身近なことでは、台風のような暴風雨に見舞われるだけでも、スサノオを感じることができる。ではスサノオとは台風を擬人化したものなのか、というとそれも違う。台風やその体験の向こう側にスサノオのイメージがあり、スサノオの向こう側に何かがいる。そういう多層的な心の働きを、自然の一部であるかのように、そのまま受け入れているのが日本の神々の感じられ方ではないだろうか。

セミナーではこのような言い方で、日本では「信じる」などと言葉にして言わなくてもよいのだ、という境地を説明しようとしたのだが、なかなか西洋の参加者には伝わりにくかった。やがて筆者の口から「私たちは信じられることを信じていない（We don't believe in belief.）」という言葉が出ると、そこで一同、ああ、そんな感じか、と腑に落ちたようになり、空気が変わった。これで正確に意味が伝わったとは限らないのだが、どうも日本人は、西洋的自我にとっての「信じる」とは違うレベルで何かを「信じて」いるらしい、ということは伝わったようである。西洋的自我の場合は、「私はこれを信じる」と明言できるような意識的なコミットの感覚があるらしいことも感じられた。

そこで「信じる」ことの水準を、「信じること」、「当然と思っていること」、「受け入れられていること」の三つに分けて考えてみたい。

「信じること」とは、意識して積極的にこれを信じると決めている水準である。例えば、私は仏教の教義を信じる、とか、神道の世界観に共感し、これを自分の立脚点とする、という場合がこの水準である。意識的に自我が関与して「信じる」ことであり、そのため、疑いや迷いも少しは意識されている。

「当然と思っていること」は、その命題や態度を自分が採択したプロセスについてはあまり意識できていないが、前提として思い込んでいる水準である。「他人に迷惑をかけてはいけません」のように、いつか教えられたことではあるが、意識的に採用した自覚はなくとも、当然こうするもの、それが自然だと思って行動している。いわゆるイラショナル・ビリーフもこの水準に関わっているであろう。

「受け入れられていること」は前の二つが比較的能動的なものであるのに対して、受動的、受容的な局面で現れる水準である。例えば、神社の空気がなんとなく清浄な、すがすがしいものに感じられたり、北枕に寝るとなんとなく寝心地が悪い、などが相当する。事態に直面して、なんとなく気持ちがよい、わるい、というような反応が起きて関知される水準である。それ自体を言語化することが簡単ではないところに特徴がある。

これら三種の水準を設定することで考察を必要以上に複雑にしてしまうおそれもあるが、日本と西洋の心的事象の比較に役立ちそうである。西洋では前者の二つが、日本では後者の二つが比較的意識にのぼりやすいのではなかろうか。

西洋の心理療法家の印象

ここで筆者が出会った西洋の心理療法家の印象について述べたい。河合隼雄門下にいたおかげで、海外の個性的な心理療法家・分析家に接する機会にはとても恵まれていた。早くから人柄と雰囲気に触れたのは、ユング派分析家ロバート・ボスナック氏と、冒頭でも紹介した箱庭療法家シェリー・シェパード氏である。両人物とも、表情豊かで、柔らかく、暖かく接してくれることが印象的だった。そして日本文化への肯定的な関心を持ち、西洋とは異なる精神性も尊重しておられた。日本の基準からすると相当積極的に自己表現をされるように見えたのだが、後になって、両氏とも西洋の水準ではむしろ内向的でシャイな方だとわかった。両氏とも、柔らかい態度を身にまとってはいるが、話をするときは真っ直ぐ視線を向け、聞くべき事は着実に質問し、確認されることも印象的であった。シェパード氏の著『高野山　夢の導き　夢の山』[3]には、日本滞在中の体験や思いが詳細に記されている。筆者は訳者として作業をするなかで、氏が表面からは窺い知れなかった繊細な内的生活を送っておられたことに感銘を受けた。

両氏の他にも、海外のユング派分析家、箱庭療法家の先生方が来日された際、通訳を務めさせていただくことも多く、言葉だけでなく、人柄にも触れさせてもらえたことは貴重な体験であった。チューリッヒ・ユング研究所留学中には、国際的に著名な講師陣だけでなく、世界各地から集った学生仲間とも交流できた。二〇〇九年から三年間、文部科学省の科学研究費による「心理療法家の職業環境の国際比較」研究も行い、アメリカ、韓国、スイス、フィンランド、オーストリア各国の心理臨床家にインタビュー調査を行った。

これらの経験で出会った西洋心理療法家の特徴を抽出してみる。ただし、筆者が出会った方々は超一流の方も多く、肯定的なバイアスがかかっているかもしれない。

●「大人」―「子ども」バランスの安定性と融通性（やわらかく、厳しく生きている）

「大人」と「子ども」と言えば、プエル（子ども）―セネックス（老人）の元型も連想されることだろう。自由な変革を好み、飛翔しては墜落を繰り返す「永遠の子ども」の対極で、伝統やしきたりを重視して、保守的な規範の代表者たる「老人」がバランスを取る図式はユング心理学ではよく知られている。

「子ども」に返ることは「退行」として望ましくないこととされることもある。しかし「子ども」のフレッシュな感受性や、新しい可能性に開かれた態度には肯定的な価値もある。筆者が出会った西洋心理療法家は、普段はがっしりした規範的態度をもって、成人として責任を果たし、葛藤状況においても否定的な物事に直面でき、自己主張をしながら乗り越えていく態度を持っていた。こうした厳しい大人の面を持ちながらも、「遊ぶ」ことが許容される状況では、普段の表情や態度から想像がつかないような、自由で解き放たれた、プレイフルな側面を見せてくれた。これを一言でいえば「やわらかく、厳しく生きている」ということになろうか。これら「大人」「子ども」の各面は、一方から他方へと切り替えるというよりも、両方が同時並行的に本人のなかに作動していて、必要に応じて出し方を調節しているように見受けられる。

●率直さ・直接性（さほど裏を読まなくてよい）

これは西洋文化の一般的傾向でもある。発言は表の意味をまず受け取ればよく、裏の意味はさほど読まなくても支障がない。もちろんこれも程度の差であって、どの文化でも、皮肉もあるし、暗黙の意味を読まねばならない場面も存在する。それでも日本（特に京都は顕著である）で要求されるほどには、婉曲に表現された裏の意味を推察しなくてもよい。

スイス生活で直接の自己主張が「当たり前」であることを実感したことがいくつかあった。一時期滞在していた下宿には共用の洗濯機や乾燥機が設置されていて、部屋毎に順番に使用可能日が割り当てられていた。筆者が洗濯していると、別の住人が入ってきて「今日は私の日です。あなたの番とは違います！」と強く主張される。うっかり間違えたかと思って部屋に戻り、予定表を確認すると、やはり自分の日である。洗濯室に戻って「表によると今日は私の部屋の日ですが」と主張すると、その人は「そう。では私の間違いですね」と悪びれもせず洗濯物を持って退室した。翌日、研究所の学生仲間にその話をすると当地で育った人がこう教えてくれた。「それは気の毒に。でもね、ここではそんな状況の時は、まず自分が正しいと主張するように小さい頃から訓練されるんだよ」。なるほど、そうだったのか、と腑に落ちた。日本では、自分が間違っていた場合の気まずさを考えて、まずこちらのミスを想定する筋で動くよう訓練される。全く正反対の原理なのである。ひとまず主張してみる、そして自分が間違っていても、結論を認めるだけでよく、あとに感情的なしこりが残ることはない。

もう一つ例を挙げよう。研究所で何か作業すべき事があると、学生同士で係を決めたりするのだが、これが全く文字通りの「ボランティア」であった。手伝ってもよい人は自発的に無償で作業する。そして、都合がつかない人は作業に加わらなくてもよい。作業してもしなくても、個人の事情は当然のこととして尊重され、後からとやかく言われたりはしない。よく言えば、自分勝手ではない個人主義である。こうしたことを実際に体験するのはとても新鮮だった。そして、これまで西洋の心理療法事例を読んで腑に落ちなかったことが一つ了解しやすくなった。西洋の心理療法事例では、治療者が患者にかける言葉がとても直接的であること、そして、患者の側もそれを率直に受けとめて、考え、行動に移しているように描かれていることである。普段から直接的で率直な表現のやりとりに慣れていれば、確かにこういう対話も可能なのだろう。

おそらく西洋では、地理的・歴史的にも多様な文化的背景をもつ人々が身近で生活することが普通なので、言葉の裏まで読むゆとりはないし、こちらも読んでもらうことなど期待せずに、言うべきことははっきり言う、という様式が強化されてきたのだと想像される。

●信念——芯の感触（「私」をもっている）

信念は英語の「belief」に対応している。西洋的自我では「私はこれを信じる」という場合に意識的・積極的な選択がより明確になされているように思える。ユダヤ・キリスト教で堅信礼がなされることとも符合するが、一定の年齢に達したら、自分が何を信じて生きていくのかを主体的に選択することが生活でも根づいているのかもしれない。西洋の心理療法にもいわゆる折衷派は存在するが、それでもこの方法論はこういうところがよいので、私はこれを実践する、ということがより意識的になされているように感じられる。何か一つのことを信じればよい、などという単純な価値づけはしないほうがよさそうだが、西洋心理臨床家のほうが、私はこれだ、という、いわば芯の感触が明確であるように思われる。これは先項の「率直さ・直接性」で述べたような、まず自分の立場を明確にして主張する行為が普通に求められることなら、自然に身につく態度であろう。

●理性（言語）への信頼（議論できる）

自己主張の鍛錬の成果でもあろうが、論理性への信頼感がある。仮説、証拠、結論が論理的に結び合わされると、自分の考えと違っていても、「正当なもの」として許容できる。そして、議論での論証と当人の人格の価値とは切り離されている。日本でよく経験するように、議論の正否で人格が肯定・否定されるかのような体験になったり、情緒的に尾を引いたり、ということは比較的少ない。理性や論理という大きな原理を尊重しながら、個人は同じようにその原理に仕える者として、対等に話ができるのである。

国際比較研究でインタビューをしたさい、心理療法家と他職種との関係に関して、医師など他の専門家と意見が異なった場合にどうするかという質問項目を設けた。西洋心理療法家のほとんどは「意見が違ったら率直に話し合ったらいい」と発言した。議論を闘わせてもその後の人間関係にさほど影響しないという理性への信頼感をここでも強く感じた。

●「存在するもの」への視線（見えるものへのまなざし）

これは箱庭や描画などの視覚的表現作品へのコメントや解釈から受けた印象である。例えば箱庭の作品を見るときに、結果的に作品として表現された「もの」と、制作者が表現したかった「もの」とが同等であると見なす度合いが、西洋心理療法家のほうが高いように思われる。もちろん表面に現れたものだけでなく、もう一段深い意味を読もうとはしているのだが、表現されたものをかなり即物的に捉えていて、それ以外の可能性を想定する幅が狭いように感じられることもある。箱庭に緑色の陶器の船が置かれたとする。よくある説明は「ここに緑色の陶器の船がある。緑色が意味するのは……であり、船は……を象徴する」というような文体である。表現された記号（船というアイテム）に対して、それが適切に表現されたものであるという暗黙の信頼を寄せている。実体への素直な肯定感によるのか、その視線の大半は、表現された「存在するもの」に向けられているように思われる。

●東洋的なものや異文化の尊重

これは最近の風潮かもしれないが、西洋心理療法家の側から、日本的・東洋的なものを、西洋とは異なるが価値ある文化として尊重してもらえることが多かった。東洋の感受性や世界観には、西洋文化からは窺い知れない深遠なものがある、という先入観で見てもらえるのだ。やや行き過ぎではと心配になるほど肯定的な場合もあるが、自分の理解を超えているものとして距離を取るような敬遠的な場合もある。

日本の心理療法での人間関係とコミュニケーション

前節の各項目に対応する点について、日本の心理療法での人間関係やコミュニケーションの特徴を挙げよう。前節では「西洋の心理療法家の印象」であったが、ここでは必ずしも「心理療法家」の特徴に限定した記述ではない点にご注意いただきたい。

●「大人」―「子ども」の振れ幅と堅さ

日本人同士の人間関係においては、「大人」と「子ども」の間の移行はなかなか簡単にはいかない。職場でも家庭でも、「大人」の面がずっと強い人も珍しくない。気の置けない仲間うちや、特別に許された場では「子ども」の面が出せるが、こうした特別な場面設定がなければ、そうそう人前で「子ども」の面は出せないものである。「大人」と「子ども」の面の移行にはどこか「堅さ」が生じているように見える。また、移行が生じたとしても、「大人」―「子ども」の振れ幅が相当大きくなっている場面もよく見受けられる。「大人」の面は大人過ぎ、「子ども」の面は子ども過ぎる出方をしてしまう。これは、通常、スイッチを切り替えるように片方だけ全面的に出し続ける傾向が強いからではないだろうか。

●婉曲・間接性（裏を察すること）

日本（特に京都）では、コミュニケーションにおいて婉曲な表現や、間接的表現の重要性・必要性が高い。字面の上では肯定的な文句であっても、実際には否定的な内容を示唆するメッセージも日常茶飯事のように交わされる。例えば「考えておきます」と言われた場合、考えるだけではなく、着手しない、という意味合いも考慮しなくてはならない。真意がどこにあるのか、表面から見えない裏の意味を「察する」わけである。婉曲な表現は相手の心情をかき乱さないための心遣いや配慮としてなされるので、悪いこととは言い切れない。婉曲で間接的なメッセージの送受信に慣れることで、日本人同士のコミュニケーションにおいては、相手を「察する」技術が鍛えられ、「察して」もらうことを前提とした控えめな自己主張が洗練されていくことになる。日本の心理療法では、言葉の文字通りの意味内容だけでは、真に交わされている意味や心理の表面的な部分しか捉えられないことになろう。

言葉だけでなく、表情も内面をそのまま反映してはいない。表面的には笑顔であっても本当は笑っていないとか、すましていても内面では激しい感情が動いていることは普通に起きている。表面に現れていないことを斟酌することがここでも必要になる。

●「信念」への不信（「私」を通すことの不安）

先述のように、あえて意識的に「信じる」と表明しなくても、古来の神々がともに生きている感覚が自然にあるとすれば、日本人は意識的に「信じる」ことに馴染みがないばかりか、苦手なのかもしれない。近年の大学生には特定の宗教や学派にコミットすることを敬遠する人がよくいる。その理由を問うと「決めてしまうと自由がなくなってしまう気がするから」という。「信じる」ところまでしてしまうと、動きが限定されてしまうのではと心配しているのだ。「私はこれを信じる」と表明することへの怖れやためらいがあれば、家庭でも「私はこう信じているから、あなたとは違う」とはなかなか言いにくいであろう。そして慣れていない人が自己主張をしなくてはならない場合、相当頑張って表現しなくてはならなくなり、声を荒らげたり、怒って飛び出したり、といった激しい表現をとることも生じてくる。

日本では成人になる儀式において、私はこれを信じる、という宣言をするよりも、「私を殺す」ことを受け入れる、というほうが感覚的には近いのかもしれない。「私」を通すことは不安をともなうのである。

●感情の影響（根に持ちやすさ）

日本人間のコミュニケーションでは、理性や論理よりも感情に影響される傾向がある。感情も判断の機能としては重要で意味があるが、議論に感情が加わると、例えば結果として自説が否定された場合、感情的なわだかまりが残ったりする。相手の誤りを認めさせれば、相手の人格的尊厳を脅かすことにもなりかねない。冷静で淡々と議論を進めたり、どんな結論が出ても気持ちよく受け入れることができるには、かなりの訓練を要する。日本人同士の心理療法では、客観的な直面化や論理的な検討はなかなか難しいこともあり、またそこにウェットな感じがともなっていたりするように思われる。

●「見えないもの」への視線（イメージの奥へのまなざし）

日本の心理療法では、夢やイメージでの表現（プレイセラピーでの遊びも含む）に対して、表面に見えているもの、語られたままの内容も見るのだが、さらにもう一段奥にある何か見えない存在に視線を向け、その見えない何かを尊重しつつ、関心を持ち続ける営みがなされているように思われる。

語り得ないものを想定する態度は、日本の伝統にも強く織り込まれている。芭蕉の俳句「古池や　蛙飛びこむ　水の音」から、文字通り古池に蛙が飛び込んでいる光景を想像するのはもちろんだが、古池や蛙のイメージを飛び越えて、宇宙とか、存在とかにまで思いを馳せることもできる。『去来抄』の「いひおほせてなにかある」という言葉にも、表現されていないものへのまなざしが込められている。

箱庭でいえば、実際に置かれたアイテムを見ながらも、本当は何が置きたかったんだろう、とか、何が置かれなかったのか、ということにも注意が払われる。置かれたものの向こう側を見ようとする視点が働いている。緑色の陶器の船が置かれたとしても、それは仮の近似値的なものとして置かれたのである、というワンクッションが自然に置かれていて、実物の緑色の船の地点で視線が止まるのではなく、その向こう側にあるかもしれない、まだはっきりとは見えていないイメージの可能性に目を凝らそうとする。墨絵や能を味わう場合と同様に、目に見えるものの向こう側の世界の存在を前提とする視線であろう。

●東洋的なものの当然視（「甘え」）

日本人として日本文化の恩恵に浴しているうち、日本的な感受性や精神文化、東洋的な伝統に関して、当然自分にも備わっているかのような自信を持ち、甘えてしまってはいないだろうか。確かにこうした文化的伝統は骨の髄まで染みこんでいるかもしれない。しかし、自分にとっての意味を充分意識化できているだろうか。なかには日本的なものが存在しないかのようにふるまう態度も時に見受けられるが、これも意識化の努力をしないのであれば一つの「甘え」であろう。

また逆に、西洋の伝統や考え方や感じ方に対して、肯定的な関心を向け、尊重できているだろうか。どこか「当たり前」のこととして、それ以上意識的に問いかけたり、確認したりする作業が疎かになってはいないかが懸念される。

ここまで列挙した点を総合的にみるさいに参考になるのは、河合隼雄による、西洋の「個の倫理」と東洋の「場の倫理」という対概念であろう。(4) 上記の項目のうち、「東洋的なものの当然視」以外の全ての項目が「場の倫理」に深く関わっている。

ユング派分析家で精神科医のデビッド・ローゼン氏が自殺問題に関連して、個人そのものの自殺でなく、自我の死と再生へと繋がる「自殺」の概念として、「自殺（suicide）」の代わりに「自我の死（egocide）」と

いう概念を導入したとき、河合隼雄は「我々日本人は毎日自我を殺している！」と力を込めて発言したという。(5)

ただ、日本で「自我の死」が起きているとしても、その自我はあくまで日本的自我であり、西洋的自我とは性質が違うことも考慮しなくてはならない。シェパード氏が次のような話をされたことがある。(6)日本の箱庭療法では早い段階に曼荼羅表現が見られることがあるが、これは葛藤を経ていない、いわば未熟な水準の曼荼羅表現であり、西洋の箱庭療法の終わり頃に出現する曼荼羅とは意味合いが違う、と。「場の倫理」で鍛えられた日本的自我は「個の倫理」の西洋的自我とは質が違ってくることを想定すべきかもしれない。

こうして見れば、日本の心理療法では、問題を明確化して「克服する」というよりも、自分が置かれた状況のなかで持ちこたえるうち、自然に問題の布置が変化したり、自分と場との関係が変化し、「ゆるされる」ことが癒しになる、という形も考えられよう。

（シンポジウムではこの箇所で、本書第六章に収載したシェリー・シェパード氏の論文が紹介された。）

おわりに——シェリー・シェパード氏の論考を参照して

次章のシェパード氏の論文もご自身の体験に立脚して語ってくださったものである。氏の論考と筆者の考察は独立してなされたものであるが、重なる点も多い。ここで二つを比較して本章のまとめに代えたい。

最初に言及されている「縁」の感覚については、筆者は直接取り上げてなかったが、あえて言えば「見えないもの」への視点に関係しているといえるだろう。表面に現れた人間関係だけでなく、一段深い所にあるかもしれない「関係」の可能性を見る視線が作用しており、また、その「縁」の存在がひとたび実感されると、それが以後の人間関係の土壌や器の基礎の一部となりうる。この感じのもつ影響力や永続性は、感情優位の傾向によって強められていることもあろう。

氏の二つ目の指摘、治療プロセスがゆっくりと繊細なケアのもとで進行し、直接的な直面や言語化はプロセスを妨げることがある、というポイントは、筆者の「婉曲・間接性」と重なる特徴である。

三つ目の守秘の器の違いも筆者は直接取り上げなかった。これは筆者が西洋の守秘について充分な経験がなかったためでもある。シェパード氏が違和感をおぼえた日本流の「守秘」については、筆者も同じような苦い体験をしたことがある。このような「守秘」のあり方はシェパード氏が肯定的に言うような、機能しうる「器」であるのか、更に検証を要するが、こうした「器」が成立する要因としては、「場の倫理」と専門家集団への強い信頼感が考えられる。ただし、インターネット時代の今日では、当時と比べて格段に厳密な扱いがなされていることは補足しておきたい。

四つ目の「スピリチュアル・タイプ」は、既存の概念のなかでは「直観タイプ」と関わりが深い可能性があるが、シェパード氏の提言は、四機能のどのタイプでも、内向・外向のいずれの向性でも、関心や視線が精神世界や向こう側の世界に向けられている人がいるという経験的事実に基づいている。これは筆者の項目では「見えないものへの視線」に関わりが深いようである。シェパード氏の論考のおかげで、本章の「リアリティ」に厚みと深みが加わったことを心から感謝したい。

冒頭で設定した、「信じる」ことの三つの水準でいえば、西洋的自我は「信じること」がより意識的になされており、日本的心性では「当然と思っていること」や「受け入れられていること」の層の重要性が高いように思われる。

日本で行われている心理療法について、文化の影響や実際に行われているコミュニケーションのニュアンスの違いにまで踏み込んだ水準の論考はほとんど海外には発信されていないし、読まれることもまれであるように思われる。「日本的心理療法」とはどんなものなのか、私たち自身が理解を深めつつ、海外の臨床家とも語り合う機会を増やしていきたいものである。

◎文献と注

(1) Kerényi, K. & Hillman, J.（1995）*Oedipus Variations: Studies in Literature and Psychoanalysis*. Spring.
(2) 西行／久保田淳・吉野朋美（校注）（2013）『西行全歌集』岩波書店
(3) シェリー・蓮夢・シェパード／名取琢自（訳）（2009）『高野山　夢の導き　夢の山：米国心理療法家の密教修行記』創元社
(4) 河合隼雄（1976）『母性社会日本の病理』中央公論社
(5) ローゼン氏と筆者の私的対話による。
(6) シェリー・蓮夢・シェパード（2007）「イメージにあらわれる『文化』と『意識』：光と影の象徴表現」京都大学大学院教育学研究科附属臨床教育実践研究センター公開講座、京都大学時計台記念館 国際交流ホールⅢ、二〇〇七年一〇月八日

第六章　国際的に見た日本の心理療法

――二〇一一・九・二三会議によせて

シェリー・蓮夢・シェパード

北アメリカと日本の心理療法を比較して気づいた類似点と相違点について述べたい。

「縁」の感覚（編注1）

日本では、治療者・患者間の関係に関して、クライエントがその治療者と一緒に取り組む「縁」を感じる関係であることがとても重要なことのようだ。それも、治療の取り組みのごく初期から重要とみなされている。私は最初の数回の面接のなかでこの「縁」が現れてこないか、耳を傾けるようになった。もしこうした縁が実体として現れてくれれば、一緒に取り組んできた作業が実りあるものであることを示す、ありがたい徴候なのである。

もちろんアメリカでも治療において「縁」は大切である。ただ、日本でそうみえるほどには、明瞭に定義されておらず、それほど必要とみなされていないようにも思われる。

繊細さ

日本では物事がアメリカよりゆっくりと進行する。私が最初に日本でクライエントと仕事を始めた時、一番大事な秘訣だと思ったのは、ペースをゆるめ、物事が無理なく現れてくるように待つことであった。どんな仕方にせよ、もし私が何かを急いで行おうとするなら、作業は頓挫しかねない。日本のクライエントには、本人のこころの秘密が幾重もの層をなして護られていることを教えてもらえた。個々の治療上の問題は、まるで、何枚もの風呂敷で柔らかく包まれているかのようであり、包みを解くにはゆっくりと、丁寧にしなくてはならない。それも、ほとんど目に見えないプロセスに触れるような、微妙な取り扱いが必要となる。アメリカでの場合よりもはるかに、内界は秘密とされ、隠されている。クライエントが何か困難なことについて、それとなくほのめかしたとしても、そのことを直接質問しようものなら、ガードの堅い沈黙を呼ぶことだろう。もちろん、なかには直接的な取り組みができる人もいる。しかし、京都で私に会いに来られた方の大多数は、治療上の問題について直接的な質問を向けることや、その問題を言葉にすることに対してさえ、控えめで内に秘める態度をお持ちだった。

これと対照的に、私に会いに来られた、日本以外のアジアの国の人には、このような態度はあまり多くなかった。日本滞在中、中国や韓国のクライエントにもお会いしていたのだが、この方たちの心理療法の作業への取り組み方は、もっと直接的であり、私がアメリカで馴染んでいた感覚に似ていた。

最初は、これ（日本の特性）に適応するのにかなり苦労したのだが、そのうち、こうした取り組み方も、また自然なやり方のように思えてきた。私が第一の治療モデルとしていたのは箱庭療法であったので、言語的心理療法において当然重要になるほどには、言葉はさほど重要視しなくてもよかった。物事はイメージの形で現れたし、全く言語化されないままのこともよくあった。物事を常に認知できるように（言語化）しなくても、治療への否定的な影響は生じていなかったようである。

相手と一緒に治療的な器のなかにいるという、（日本の）繊細な方法のおかげで、私の直観的感覚は非常に鋭敏に研ぎ澄まされた。そして、日本在住の西洋人との治療をする場合には、面接室に持ちこまれた問題や相手の人に対する相互作用の仕方を大幅に調整しなくてはならなかった。何度か試みた末、日本滞在中には西洋のクライエントとの仕事を引き受けないことに決めた。その理由はひとえに、一時間おきに一方の治療的スタンスからもう片方のスタンスに切り替えるのは、私には難しすぎたからである。日本では、西洋で行う場合とは違うこころの側面から働きかけることになった。これは私にとって非常にありがたいことであった。日本の学生やクライエントが、沈黙や繊細なこころに備わった治療的性質について教えてくださったことにとても感謝している。

守秘の「器」

秘密保持の仕方は日本とアメリカとでは異なる考え方によっていることがわかった。アメリカではクライエントの秘密は厳格に保護される。治療者自身のスーパーヴィジョンの場面以外ではクライエントについて漏らすことは絶対にありえない。

来日したさい、（心理学の会議や心理療法の学術誌で）見聞きして驚いたことがある。クライエントの状況が私のような（外部の）者にも、本人が誰なのか推測できかねないほど、詳細な情報が提示されていたことである。同じような秘密保持違反をもし西洋の治療者が行ったなら、資格剥奪のリスクも充分にある。この秘密保持への態度の違いに、当初私は困惑し、相当ショックを受けた。

後になってようやく、これは無意識的になされている行為というよりも、包む容器のサイズの違いにすぎない、と思えるようになった。どうやら日本では、クライエントの秘密のストーリーがもっと大きな集団の中で護られているようなのである。それは治療者集団のこともあれば、治療に関係した学術誌の読者集団のことさえあるのだが、その集団がクライエントの秘密を護り包み込む器として充分機能しているのである。

これを日本社会と関連づけて考えさせてもらえるなら、ある村の秘密が村人の心の中に封じられている状態に相当するかもしれない。あるいは家族の秘密が家族システムの中だけに保持されている状態とでもいえるだろう。隣村の人は、この村の中で何が起きたかは知らない。ある日本家屋の紙製の壁の中で起きたことも、隣の家の人の誰にも知られていない。おそらく、自分の属する集団内部において、このような他者との関わり方が、今日の日本の心理療法でも行われており、それが今も効果的なやり方なのだろう。結論として言えば、どちらの秘密保持の方法も、優劣が論じられるべきものでなく、ただ異なる方法なのである。アメリカで必要とされることが、必ずしも日本や他の国で必要とされるとは限らない。

日本の心理療法家の方々が秘密保持やクライエントの身元を明かさない教育を受けていることは理解しており、これらがとても尊重されていることも承知している。それでも、日本の心理療法家は、アメリカでの定義とは違う仕方で「秘密」を定義しているように思えてならない。この違いは興味深い比較文化的な考察へと深めることもできるが、また一方では、相互の誤解をもたらすおそれもあるだろう。

スピリチュアル・タイプ

ごく簡潔にではあるが、日本の精神性（spirituality）について述べたい。様々な国のクライエントと面接を重ねるうちに、いわば「スピリチュアル・タイプ、もしくは、宗教的気質」とでも言えるものが存在するように思えてきた。思考、感情、感覚、直観の各タイプが存在するように、スピリチュアル・タイプというまた別のタイプが存在するのである。このタイプの人は意味に関するあらゆる大問題を問い続けながら現世を生きているようである。このタイプの人は他の気質の人からすれば過剰に思えるほど、精神や心のことに関心を持っており、思考や意志の重要な部分を「神（神々）」が占めている。神秘主義者や、賢者や、聖人であったり、そこに至る訓練中のこともある。

これが日本にもよくあてはまるのである。他の文化圏と同じく、こうした、スピリチュアルな深さをもつ人は少数派である。百人に一人くらいであろうか。あるいは千人に一人かもしれない。正確にはわからない。私がわかっているのはただ、日本滞在の数年間に、このタイプの人に数多く出会ったことである。面接室で出会った人もいるし、高野山でも出会った。喫茶店や書店で出会った人もいる。

日本は、古くからの、清らかでスピリチュアルな歴史のある国である。私の経験では、日本の聖人や賢者は、過去の人物だけではない。今も町を歩き、電車に乗り、京都の（もちろん日本のどこでも）レストランで食事をしている。スピリチュアル・タイプ、スピリチュアルな気質の人々がいるのだ。私たちのなすべきことは、こうした人々を支えることなのであって、現代心理学が支配している今の世界で時折見られるような、こうした人々の病理を云々する（pathologize）ことではないのだ、と私は考えている。

◎編　注

（編注1）これらの見出しはシェパード氏の原稿には書かれていない。読み易くするために編集上追加したものである。

第七章　西洋のサイコセラピーと東洋の心性

――認知行動療法の歴史的変遷を通して考える

遊佐安一郎

はじめに――日本での心理療法

日本の心理療法は西洋からの影響を強く受けている。森田療法、内観療法など、日本独特の心理療法もあるが、実際に実践されているアプローチのほとんどは西洋から輸入したものである。

また、平成二二年の診療報酬改定において、認知・認知行動療法（以降、認知行動療法と呼ぶ）が算定の対象に組み込まれた。日本の精神科医療で保険診療の対象になる心理療法のアプローチは標準型精神分析療法と認知行動療法であり、日本独特の心理療法は認められていない。さらに標準型精神分析療法は四五分以上の診察で三九〇点であるのに対して、認知・認知行動療法は三〇分以上で四二〇点と、相対的に優遇されている。これは、認知行動療法が、うつ病の治療法としての効果が実証研究で支持されていることの影響があると考えられる。そのために、医科診療報酬点数表に以下が明記されている。

「認知療法・認知行動療法の実施に当たっては、厚生労働科学研究班作成の『うつ病の認知療法・認知行動療法マニュアル』（平成二一年度厚生労働省こころの健康科学研究事業「精神療法の実施方法と有効性に関する研究」）を踏まえて行うこと」[1]

日本の医療におけるこのような傾向には、欧米諸国同様、実証研究に基づく臨床実践（Evidence Based Practice：ＥＢＰ）の影響がみられる。英国では、National Institute for Health and Clinical Excellence（ＮＩＣＥ）が科学的根拠に基づく医療のスタンダードを提供しており、精神医療、心理療法では実証研究が盛んな認知行動療法が頻繁に引用されている[2]。米国は国民皆保険制度ではないが、保険会社の多くが境界性パーソナリティ障害の治療では、実証研究でその効果が支持されている弁証法的行動療法が保険診療の対象として認められることが多い[3]。このように欧米の心理療法、そして日本での新しい傾向として、認知行動療法のように、具体的な症状にターゲットを当て、その症状を変化させ、改善させるための手段としての、そしてその効果を実証することのできる心理療法の影響力が強まってきているように見受けられる。このような傾向は、西洋からの輸入としての心理療法が、今後の日本の心理療法を凌駕することになり、日本人の心性とは関係のない方向に拍車をかけることになるのだろうか？　日本での心理臨床には日本らしさは無関係なのだろうか。このような観点から最近の欧米の心理療法、特に認知行動療法の趨勢を振り返ってみたい。

欧米のサイコセラピーの傾向

二〇〇六年に、*Psychotherapy Networker* という米国の心理療法関係者のための雑誌に興味深い記事が掲載された。約二五〇〇人のサイコセラピストに対して「過去四半世紀で最も影響力のあるセラピストは誰だと思うか」、そして「自分の治療アプローチは何か」などについてのアンケート調査結果だった。それによると、最も影響力のあると票を得たセラピストはカール・ロジャーズ（Carl Rogers）であった。二位と六位はそれぞれアーロン・ベック（Aaron Beck）とアルバート・エリス（Albert Ellis）の認知行動療法、そして三位と五位と七位、そして一〇位はサルバドール・ミニューチン（Salvador Minuchin）、バージニア・サティア（Virginia Satir）、マレー・ボーエン（Murray Bowen）、そしてジョン・ゴットマン（John Gottman）といった家族療法、夫婦療法のリーダーたちであった。四位は集団療法と実存心理療法で著名なアービン・ヤーロム（Irvin Yalom）、そして八位がカール・ユング（Carl Jung）だった。興味深いことに、現代アメリカにおいて、精神分析的アプローチで影響力があると考えられているのはS・フロイトではなくて、ユングだった。そして九位は催眠療法のミルトン・エリクソン（Milton Erickson）だった。この結果は認知行動療法の影響の大きさに加えて、家族療法の影響の強さも反映していると思われる。また、具体的な治療的変化を重視する認知行動療法だけでなく、治療関係を重視すると考えられるロジャーズの貢献が高く評価されていることは、心理療法が単に変化の技法だけだというのではなく、患者との関係性が重要だと考えられていることだと解釈できるのではないだろうか。これは、最近の認知行動療法に見られる治療関係の重要視の傾向と相通じるものがある。(4)(5)

サイコセラピストたちが取り入れている治療アプローチについての質問に対しては、自分は単一のアプローチを取り入れているというセラピストはたったの四・二パーセントであった。九五・八パーセントは複数のアプローチを取り入れているという。取り入れている複数のアプローチのうちでもっとも頻度が高いのが認知行動療法で、六八・七パーセントのセラピストが取り入れていると報告した。次に多いのが夫婦・家族システムアプローチで四九・八パーセントだった。三位はマインドフルネスで四一・四パーセントだった。精神力動的、そしてロジャーリアンはそれぞれ三五・四パーセントと三一パーセントだった。マインドフルネスは最近注目されている弁証法的行動療法やアクセプタンス&コミットメント・セラピーなど、認知行動療法の第三の波と呼ばれる新しい潮流を象徴するアプローチである。このように、認知行動療法は米国の多くのサイコセラピストが自分の臨床アプローチで盛んに取り入れているアプローチである。そしてそれに続くのが家族システムアプローチで、それらは精神力動的アプローチやロジャーリアンアプローチよりも大幅に多く取り入れられており、アメリカのサイコセラピストの臨床実践において、最も影響力のあるアプローチだといっても言い過ぎではあるまい。特に認知行動療法は、論理実証主義の手法を積極的に取り入れていて、その影響は米国だけでなく、英国のＮＩＣＥについて前に言及したように、欧州も含め、西洋のメジャーな心理療法アプローチだと言える。

認知行動療法――その三つの波

現在、欧米では認知行動療法が非常にメジャーなアプローチであることから、欧米における認知行動療法の流れを概観することは、サイコセラピーの流れの大きな部分を考察することになると考えられる。最近、認知行動療法の世界では、認知行動療法の流れを時間とともに押し寄せる三つの波として描写されることが多い（第一、第二、第三世代という家族的比喩で描写されることもある）[6]。この認知行動療法の三つの潮流を概観してみると、西洋と東洋の文化の交錯を示唆する特徴も見られ興味深い。

●第一の波――行動療法

第一の波は一九二〇年代から五〇年代にかけての行動療法の登場と発展である。スキナー（B. F. Skinner）やウォルピ（J. Wolpe）に代表される、当時主流であった精神分析を批判する形で発展してきたアプローチである。観察することができない無意識を重視する精神分析に対して、実際に観察できる行動を臨床的理解の対象として考えた。行動がどのように変容するか、すなわち人が新しい行動をどのように学習するかに関する学習理論を、動物を使った基礎研究によって発展させて、臨床に応用しようとした。パブロフ（I. Pavlov）の古典的条件づけ（レスポンデント条件づけ）とスキナーのオペラント条件づけの応用が中心だった。図1に示すような、行動の先行刺激と、結果との関係の分析を機能分析と呼んで、標的行動の先行刺激と結果との関係を明確にして、それらの関係を変えることにより標的行動を変えようとする。

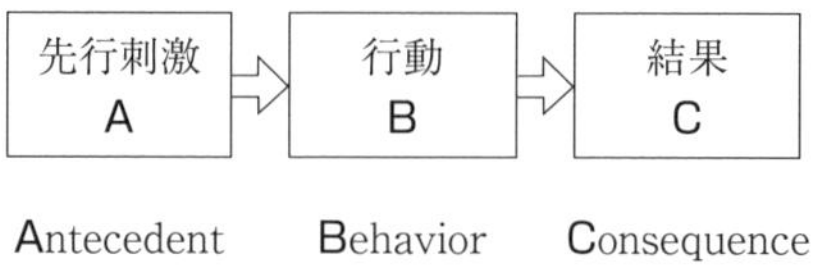

図１　行動療法の ABC モデル

そのために精神分析では適用不可能だと考えられる、自閉症や統合失調症など、言語を使うことが困難な患者層に対しては、その効果が認められるようになってきていた。例えば、ロバース（O. Lovaas）の幼児の自閉症の行動療法は、言語行動を幼児期から増強することを可能にし、多くの自閉症の児童が正規の学校に通学して、社会適応のレベルを向上することができたと報告されている[7]。また、慢性の治療抵抗性の統合失調症の患者の入院治療で、統合失調症の患者の社会的適応行動を強化するトークンエコノミーの効果も報告されている[8]。

しかし、無意識のみならず、思考や感情といった観察不可能な現象に対しては手つかずのままであったために、実際の臨床ではその対象が限られていた。

●第二の波――認知療法・認知行動療法

それに対しての新しい潮流が第二の波としての認知療法である。一九五〇～六〇年代に、初期の行動療法とは別の流れとして、エリス（A. Ellis）が論理情動行動療法（Rational Emotive Behavioral Therapy：REBT[9]）を、そしてベック（A. Beck）が認知療法（Cognitive Therapy：CT[10]）を発展させた。それらは情報処理理論や臨床的経験から得られた知見に基づき、思考や感情、あるいは認知といった外部から観察することができない問題に対して取り組み、うつ病や不安性障害など、心理療法の実践で頻繁に遭遇する問題に対しての治療法として知られるようになった。人間の感情反応は、その人の現象の解釈の仕方によって影響されるという理論的前提が認知療法の大きな特徴である。そのために認知療法もABCモデルで説明されるが、行動療法のBehaviorに対して認知療法ではBeliefのBが治療のターゲットになる（図2）。そして、うつや不安などの症状は、その人が現象の解釈を、症状を出さない人たちと比べて、極端な、または歪んだ仕方によって影響されていると考える。

その解釈の仕方を修正することにより、困難を伴う感情反応を変容させようとする。認知療法は、認知のゆがみの修正、すなわち理性的に物事を解釈することをクライエントに教えることだととらえ、その目的に向けて、積極的にクライエントに心理教育をし、認知の歪みの修正の仕方を教え、クライエントが自分の認知を修正する力をつけるように支援する。このような臨床実践を通して数多くの効果実証研究が行われるようになり、その結果、その効果が科学的に認められる治療アプローチとして欧米で広く受け入れられるようになってきた。

また、認知療法では、認知的技法だけでなく、行動療法的な技法も活用され、認知療法と行動療法の両方の方法を活用する治療者が増えてきたこともあり、一九九五年には、一九七九年から開催されてきた世界行動療法会議と、一九八三年から開催されてきた国際認知療法学会が合体して、世界行動認知療法会議（World Congress of Behavioral and Cognitive Therapies：ＷＣＢＣＴ）が行われるようになり、二〇〇四年には神戸で、第四回ＷＣＢＣＴが開催された。米国でもこの二つの学会は合体して、現在ではアメリカ行動認知療法学会（American Behavioral and Cognitive Therapy Association：ＡＢＣＴ）と呼ばれている。このように認知療法、行動療法はそれぞれ異なった特徴も持つが、それぞれのＢの違い、すなわちBehaviorとBeliefが、実施の臨床では相補的な機能を持つこともあり、それらが合体されて、認知行動療法と呼ばれるようになってきている。そして、現在では実証研究に基づく臨床実践（Evidence Based Practice：ＥＢＰ）のメジャーなアプローチになっている。認知行動療法が米国のサイコセラピストが最も多く採用する治療アプローチになっているのも、このような経緯があるからだと考えられる。

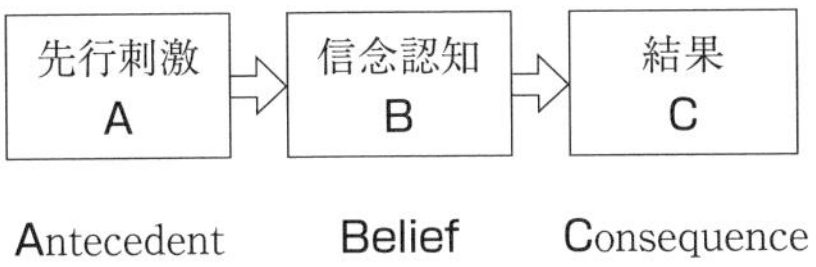

図２　認知療法のABCモデル

認知行動療法はうつ病や社交不安障害やパニック障害などの不安性障害な

ど、単独の疾患名をターゲットにし、治療協力を得られやすい障害の治療法として、その効果の科学的エビデンスを蓄積してきていた。しかし、パーソナリティ障害など、症状が複雑であり、かつ感情反応性の高さや、認知自体が治療抵抗的な特徴を持っている患者層に対しては、その効果が限られていた。それに対して、ヤング（J. Young）がスキーマ療法を開発した。スキーマ療法の理論やモデルの中心は、あくまでも認知療法、認知行動療法であるが、他に、ゲシュタルト療法、精神力動的アプローチ、構成主義、感情焦点化療法、アタッチメント理論などが含まれ、非常に統合的であることがその大きな特徴である。ヤングによれば、スキーマ療法は、I軸疾患の急性症状が薬物療法や標準的なCBTによってある程度改善された時点で導入されるものであり、そのターゲットは症状ではなく、パーソナリティの問題そのものである。そしてそのためには認知モデル、そして第一の波の行動モデルも活用されるが、それに加えて、精神力動的なアプローチを含む認知行動療法以外の様々な治療アプローチが活用されている。

●第三の波——従来の認知行動療法を超える新しい波

さらに一九九〇年代になると、認知行動療法の第三の波が押し寄せてきた。弁証法的行動療法（Dialectical Behavior Therapy：DBT[4]）、それにアクセプタンス＆コミットメント・セラピー（Acceptance and Commitment Therapy：ACT[6]）などに代表される新しい認知行動療法である。DBTもACTも理論的基本は行動療法のABCモデルである。第三の波は一言で説明することは難しいが、従来の行動療法のABCモデルや、認知療法における変化中心の理性主義に対して、禅やヨガなどの東洋的な、スピリチュアルで受容的なアプローチの影響などが、巧妙に組み合わさるような動きの中で、行動療法そして認知行動療法の大きな特徴である論理実証主義的なスタンスも存続させるようなユニークな変化だということができるかもしれない。

第三の波の発生要素はいくつか考えられる。その一つは第二の波によって大きく前進した認知行動療法の限界に対する反応だと考えられる。欧米での心理療法のメジャーなアプローチとして定着した認知行動療法は、実証研究によってその効果を測定して、実効のある治療的アプローチであることは認められた。しかし同時に、それらの研究は認知行動療法の効果の限界性も実証することにもなるために、標準的認知行動療法や行動療法の限界に対応するための新しい試みも、第三の波と関係があると考えられる。例えば認知行動療法はうつ病やパニック障害など、従来神経症と考えられる疾患に対する効果が認められるようになってきていたが、例えば境界性パーソナリティ障害に対する効果は限られていた。認知療法では、認知の修正を図るためには、患者が理性的に自分の認知を振り返りそれを修正するスキルを学習する必要がある。しかし感情的に非常に不安定な患者層にとって、これは困難なことである。DBTはそのような患者層のニーズに応えるために、様々な工夫を組み込んだ包括的な行動－認知療法である。[4]

また、認知行動療法の効果が実証されている疾患であっても、勿論すべての患者にその効果がみられるわけではない。例えば、英国で保険診療が認められた強迫性障害の認知行動療法の治癒率は五〇パーセントである。[11] また、うつ病を例にとっても、治療後二四カ月で五〇パーセント以上の再発率が報告されている薬物療法のみと比べると低いものの、認知療法でも当然再発する患者が少なくない。[12][13] このように従来の認知行動療法の効果が見られないような患者層に対してより効果のある治療法を求めて模索し、工夫をした結果としての第三の波だとも考えることもできる。

行動療法の改革に関しては、行動療法の基本原則である学習理論、そして観察できる行動を重視するという立場を守りながら、認知、感情、身体感覚、さらにマインドフルネスに象徴されるようなスピリチュアル

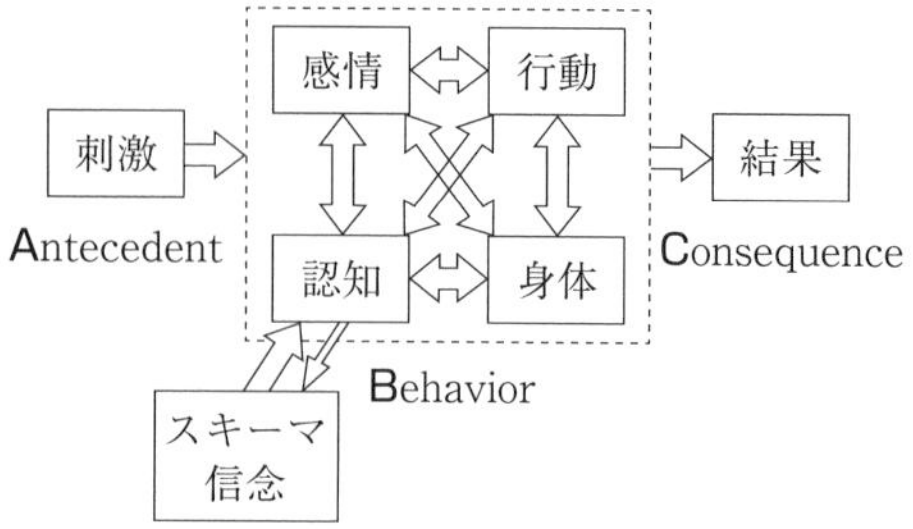

図３　認知行動療法（スキーマ療法）のABCモデル

なものまでも、外部からは観察できないまでも、本人には観察できるという立場をとる（図3参照）。その結果、認知や感情や身体反応の変化のために学習理論を活用できるようになってきたことも、この波の特徴である。

　この第三世代の認知行動療法には、一見特徴の異なる様々なアプローチが含まれていて、それらに共通する特徴を簡単に説明することは容易ではないが、それ以前の認知行動療法と顕著に異なる点は、従来の認知行動療法は患者が訴えるネガティブな感情や認知を「変容する」、あるいは「取り除く」ことを目標にしているのに対して、そのような感情や認知を持ったままそれを「感じて」、「受容して」、「行動する」、「生活する」ことに焦点を当てることだと考えられる。そのような特徴を反映させるキーワードに「マインドフルネス」や「アクセプタンス」などがあり、それらはこの新しい流れに属するアプローチの名前にも反映されている。

　「マインドフルネス」はＡＣＴやＤＢＴの鍵概念であり、主たる治療方略でもある。マインドフルネスは「意図的に、現在の瞬間に、そして瞬間瞬間に展開する体験に、判断をせずに注意を払うことで現れる気づき」と定義される。[14]「マインドフルネス」とは、もともとはブッダが日常会話で使っていたパーリ語での「サティ」という言葉の英訳で、日本語では「気づき」、漢語では「念」と訳されており、「マインドフルネス瞑想」は「ヴィパッサナー瞑想」と相通じるものがあるといわれている。[15]また、ＤＢＴでは、境界性パーソナリティ障害の患者にマインドフルネスを、感情調節のために数多くあるスキルの中での中核的なスキルとして教える。そこでは「マインドフルネス」は禅の悟りに近いものと説明されることもある。米国の「マインドフルネス」運動の旗手のカバットージン（J. Kabat-Zinn）は「マインドフルネス」への仏教の影響を強く認識しており、二〇一二年に来日講演した際の通訳は、仏教に詳しいものでなければならないと主張するほどである[16]。

ACTは「臨床行動分析によるマインドフルなアプローチ[17]」だといわれている。そこでは「マインドフルネスとアクセプタンスのプロセス」、すなわち受容を基調としたマインドフルネスを重視しながら、同時に、「コミットメントと行動変化のプロセス」、すなわち自分の価値を大切にして、それに向かってのアクションにコミットすることの両者をポジティブ心理学的プロセス（柔軟性）モデルとして推進している[7]。そしてACTにおいてもDBTにおいても、その効果研究が盛んに行われている[19]。

この西洋的論理実証主義と東洋的マインドフルネスとアクセプタンスの融合は、その実証研究報告においても興味深いデータとして表れている。例えば、ルオマらの薬物依存障害のためのACTのRCT研究の報告[20]では、従来の治療（Treatment as Usual：TAU）とACTを、治療終結時と四カ月後のフォローアップ時のデータを比較し検討を行っている。それによると治療終結時には薬物の使用を再度始めてしまった患者の割合がACTでは約一〇パーセントに対してTAUでは約二〇パーセントとACTの効果が優れていたが、恥の認知、精神保健全般、QOL（生活の質）、社会的資源の必要度の全ての二次的効果においてACTの治療群のほうの改善度が少なかった。しかし四カ月のフォローアップ時には、TAU群ではすべての指標で治療効果が減退していたのに対して、ACT群では治療終結後も治療効果が蓄積されているようにデータが改善し続けていた。薬物の累積使用率はTAUの約四〇パーセントに対してACTは二〇パーセント弱だっ

		d(効果サイズ)			d(効果サイズ)
自殺行動	治療開始６ヵ月後	0.89	怒り	治療開始６ヵ月後	0.69
	治療開始12ヵ月後	0.92		治療開始12ヵ月後	0.61
	フォローアップ	0.59	Anger-Out		0.83
自殺念慮	治療開始６ヵ月後	1.45	Anger-In		0.68
抑うつ	治療開始６ヵ月後	1.11	解離		0.78
	治療開始12ヵ月後	1.12	全般的適応	治療開始12ヵ月後	1.23
不安	治療開始６ヵ月後	1.08		治療開始６ヵ月後	1.08
	治療開始12ヵ月後	0.85	入院日数	治療開始12ヵ月後	1.18

坂野雄二等「境界性人格障害に対する弁証法的行動療法の治療効果に関するメタ分析」
精神科治療学２（1）; 75-87, 2005（1991-2004に発表されたCRT7本のメタ分析）

図４　DBTの治療効果研究のメタ分析

た。

　恥の認知、精神保健全般、ＱＯＬ、そして社会的資源の必要度は、全て本人が観察できる認知、感情、行動、身体感覚と関係のあることだと考えられる。それらの観察可能な行動が治療終結時にＡＣＴとＴＡＵを比較したときにＡＣＴを受けた患者の改善が劣っていたということは、第一、第二の波の認知行動療法が主張する治療効果とは異質のものである。図４のＤＢＴの実証研究のメタ分析[21]の自殺行動の変遷を見ても、ＤＢＴの場合でも、治療終結時には強い治療効果が見られるが、治療終結後はその効果が衰退する傾向があるように見受けられる。ルオマの対象患者は治療終結時には恥の認知、精神保健全般、ＱＯＬ、そして社会資源の必要度などの指標に関しては、意識のレベルでは改善がＴＡＵの患者よりも見られていない。ということは治療的影響に関して患者は認識、意識はしていないが、治療終結後四カ月経って、それらの指標で再査定をしてみると大幅な改善が見られたということは、無意識な状態であっても、実際には何らかの影響力が働いていたということにならないだろうか。すなわち患者にすら観察できなかった何か、すなわち患者のマインドフルネスに関する無意識の体験が、治療終結後にも患者の改善に寄与している可能性を否定できないということではないだろうか。

西洋のサイコセラピーと日本の心理療法

最近の西洋のサイコセラピーの世界で最も影響力を持ってきていると考えられる認知行動療法の歴史的変遷を三つの波、潮流の変化の過程として概観した。もともと当時主流だった精神分析のアンチテーゼとして提唱された行動療法はラディカルな論理実証主義的な観点に基づき、五感で直接観察できることのみを扱うという立場から、ネズミなどの使っての基礎研究の結果を臨床に活用できるという立場をとり、患者の行動の変化に関して実証的な研究が行われ、個々の介入の効果を測定し（Single Case Study）、その結果、行動療法のＡＢＣ分析構造が強化された。そのために患者の考え、感情など心理療法で重要だと考える側面は観察できないものとして却下した。

それと対照的に認知と感情の関係に焦点を当てたのが第二の波としての認知療法である。認知療法では、患者の偏った、または誤った認知を変化させることにより、標的となる症状の緩和を図る。いわば前意識、意識を意識化して変化させる介入だといえる。認知療法での論理実証主義はＲＣＴ（ランダム化比較試験）による多数の患者群のどの程度の割合に症状緩和がみられるといった、臨床効果的研究が盛んであり、この結果がメンタルヘルス経済政策と結びつき、経済社会的な影響を強く持つようになった。

そして第三の波は行動療法のＡＢＣモデルを維持しながら、認知、感情、身体感覚も患者本人が観察することができる行動であると捉えることで、第一の波の行動療法の臨床的利用範囲を大幅に広げることに結びつけた。またそこで活用された理論的枠組みは、正しい認知、正しい行動を示唆する論理実証主義的な立場とは異なるマインドフルネスという仏教の影響を強く受けた、あるがままに受容するといったスタンスである。これは認知療法に見られる「本質主義」（すなわち認知の歪みを変化させることによる治療に含蓄される正しい認知の存在が想定されている）に対して、認知、感情の良し悪しではなく、あるがままの体験を尊重するスタンスは、森田療法をも連想させるスタンスである。それと同時に第三の波でも論理実証主義としてＲＣＴによる研究は盛んに行われており、その結果の中には、人間の五感だけですべてを理解しようとする論理実証主義では説明しにくいようなものも散見される。

　このような認知行動療法の変遷は、意識と無意識を扱う精神分析から意識と無意識を扱わずに行動を扱う行動療法、そして意識を扱う認知療法、そして行動を扱いながら意識、前意識を扱い、無意識という概念の再考を示唆する可能性もありそうな第三の波として整理することもできる。この変化を「歴史は繰り返す」という言葉が示唆する出発点に戻る変化として捉えることもできるだろうが、著者の目にはスパイラル的な変化のように映る。大局での視座は意識・無意識の再考のように見えるが、確かに精神分析とは異なる切り口からの理解だと思われる。

　西洋のサイコセラピーの振り返りを通しても、西洋的なものの見方の影響の中に東洋的なものの見方の影響も無視できない。このような変遷はより効果的な臨床、そして心理的理解の探究の影響が大きいと思われる。そのような意味から、日本の心理臨床は西洋の影響から始まっているかのように見えるが、逆に、その中に東洋的な智慧がどのように生かされるか、興味深いところである。

◎文献と注

(1) しろぼんねっと　http://h22.xn-68jxd3bza.net/2010/03/8_6888.html
(2) http://www.nice.org.uk/
(3) Behavioraltech.com
(4) M・M・リネハン／大野裕（監訳）(2007)『境界性パーソナリティ障害の弁証法的行動療法：DBTによるBPDの治療』誠信書房
(5) J・ベック／伊藤絵美・佐藤美奈子（訳）(2007)『認知療法実践ガイド：困難事例編』星和書店
(6) Hays, S. C., Folette, V. M. & Linehan, M. M. (2004) *Mindfulness and acceptance.* Guilford Press.［S・C・ヘイズ、V・M・フォレット、M・M・リネハン（編）／春木豊（監修）、武藤崇・伊藤義徳・杉浦義典（監訳）(2005)『マインドフルネス&アクセプタンス：認知行動療法の新次元』ブレーン出版］
(7) Lovaas, O. I. (1987) Behavioral treatment and normal educational and intellectual functioning in young autistic children. *Journal of Consulting and Clinical Psychology, 55*, 3-9.
(8) Silverstein, S. M., Hatashita-Wong, M., Wilkniss, S., Bloch, A., Smith, T., Savitz, A., McCarthy, R., Friedman, M. & Terkelsen, K. (2006) Behavioral rehabilitation of the "treatment-refractory" schizophrenia patient: Conceptual foundations, interventions, and outcome data. *Psychological Services, 3*, 145-169.
(9) Ellis, A. (1962) *Reason and emotion in psychotherapy.* Stuart.
(10) Beck, A. T. (1976) *Cognitive therapy and emotional disorders.* International Universities Press.
(11) P・M・サルコフスキス (2009) Obsessive-compulsive disorder: Understanding and misunderstanding.　第9回日本認知療法学会・第35回日本行動療法学会特別講演
(12) Blackburn, I. M., Eunson, K. M. & Bishop, S. (1986) A two-year naturalistic follow-up of depressed patients treated with cognitive therapy, pharmacotherapy and a combination of both. *Journal of Affective Disorders, 10*, 67-75.
(13) Hollow, S. D. et al. (2002) Cognitive-behavioral treatment of depression. In Gotlib, I. H. & Hammen, C. L. (Eds.) *Handbook of depression.* Guilford Press. pp.383-403.
(14) Kabat-Zinn, J. (1990) *Full catastrophe living: using the wisdom of your body and mind to face stress, pain, and illness.* Bantam Dell.［J・カバットージン／春木豊（訳）(2007)『マインドフルネスストレス低減法』北大路書房］
(15) 熊野宏昭 (2011)『マインドフルネスそしてACT（アクセプタンス&コミットメント・セラピー）へ：二十一世紀の自分探しプロジェクト』星和書店

(16) マインドフルネスフォーラム2012実行委員会会議（二〇一二年二月一二日）
(17) 武藤崇（編）(2011)『ACT（アクセプタンス&コミットメント・セラピー）ハンドブック：臨床行動分析によるマインドフルなアプローチ』星和書店
(18) 武藤崇（編著）(2006)『アクセプタンスコミットメント・セラピーの文脈：臨床行動分析におけるマインドフルな展開』ブレーン出版　p.91
(19) Dimeff, L. & Koener, K.（Eds.）(2007) *Dialectical Behavior Therapy in Clinical Practice.* Guilford.
(20) Luoma, J. B., Kohlenberg, B. S., Hayes, S. C.,& Fletcher, L. (2011) Slow and steady wins the race: A randomized clinical trial of acceptance and commitment therapy targeting shame in substance use disorders. *Journal of Consulting and Clinical Psychology, 80,* 43-53.
(21) 坂野雄二・金井嘉宏・大澤香織・松岡紘史・岡島義・朝波千尋・木戸真紀子 (2005) 境界性人格障害に対する弁証法的行動療法の治療効果に関するメタ分析.『精神科治療学』*20,* 75-87.

第八章　日本的風土と精神科医療の出会い

吉村夕里

はじめに

「風土というものは確かにそこに存在する。しかし、失われていく時にこそ、その存在が実感されるものなのだ」。保健所のＰＳＷ（Psychiatric Social Worker）として地域活動に従事していた時代の筆者の感慨である。

「風土」という言葉には、どこか郷愁を誘うようなセンチメンタリズムがある。しかし、以上の言葉が指し示す世界とは無縁なところで生きていると思っていた筆者は、格別な思い入れを、特定の土地に対して感じることはそれまではなかった。この時期、筆者は自分が育ってきた環境のなかには、全く存在しなかった手触りや匂いをもつ特異な世界に自分が置かれていると感じていた。正直言って、当初はそれが物珍しく楽しかったが、やがて圧倒的な現実の力に直面していくことになる。それは、「精神障害者と呼ばれる人たちへの医療や福祉サービスは、その時代の地理や政治や文化が織りなす『風土』から切り離して捉えることはできない」という現実である。

本稿では、日本的風土と精神科医療の出会いが生じさせた現実と、その背景に存在した様々な問題について、筆者のPSWとしての体験をとおして論述していく。

風土との出会い

●政策転換と法整備の時代

筆者がPSWになった時期の精神保健行政の第一線機関は都道府県の保健所であり、行政、とくに保健所のPSWにとって、どの地域の保健所に配属されるのかによって、その仕事の中身は大きく変化した。たとえば、農村型の保健所なのか、都市型の保健所なのか、あるいはその両方の特徴を有する中間型の保健所なのか、また、精神科医療機関や福祉サービス事業が充実している地域なのか否かによっても業務内容は一変した。

筆者が保健所勤務のPSWとして活動した期間は一九八四年から一九九五年までの一一年間であり、この間に農村型文化と都市型文化がせめぎ合う中間型保健所と、都市型の保健所[1]の二カ所の勤務経験を積んでいる。最初の保健所への配属は一九八四年から一九九二年の八年間であり、赴任した一九八四年は報徳会宇都宮病院事件[2]という精神科医療の一大スキャンダルが表面化した年であった。

一九八〇年代の地域精神保健活動に従事したPSWにとって、一九八四年という年は恐らく死ぬまでその脳裏に刻まれているだろう。あたかも戦争を体験した世代の脳裏に終戦の日が刻み込まれているように、あるいは学園紛争の時代に学生生活を送った団塊の世代の脳裏に新安保条約が締結された年が脳裏に刻まれているように、一九八四年という年を耳にする度にひとくくりの時代の記憶のフラッシュバックが生じるのである。そして、ＰＳＷという職種に時代が要請した精神障害をもつ人たちの社会的復権に関わるミッションを思い起こさずにはいられない。当初、ＰＳＷという職種を選択した人間は、このミッション性を意識せざるを得ない状況に置かれていたのだが、国家資格化以降のＰＳＷからは、以上の意識は急激に薄れていったように感じられる。そのなかで、筆者自身のフラッシュバックの色彩も、色鮮やかなものから、既にモノクロのものへと変化している。

報徳会宇都宮病院事件以前にも、ＯＥＣＤ諸国のなかでも群を抜いた入院患者数と入院期間の長さ(3)に象徴されるような日本の精神科医療の悲惨な実態については、国内では再三、指摘されてはいたが、国としての積極的な対策が講じられることはなかった。しかし、国連の国際障害者年の後に表面化した、報徳会宇都宮病院事件という未曽有の惨事は、国際的な批判を巻き起こし、日本政府は精神科医療対策の転換を国策として行わざるを得ない状況に追い込まれていく。

筆者がＰＳＷとして保健所に配属された一〇年余りの期間は、一九八四年の報徳会宇都宮病院事件を契機として、一九八七年の精神保健法制定に向かう時期から、一九九一年の「精神疾患を有する者の保護およびメンタルヘルスケアの改善のための諸原則」の国連採択を経て一九九三年の精神保健福祉法制定に向かう時期と合致する。以後、次々と法整備が行われて、一九九七年には精神保健福祉士法が制定され、ＰＳＷの国家資格化が実現される。とくに、一九九一年の国連原則の採択以降の数年間は、日本の精神障害福祉システムを転換するトップダウン式の改革が次々と行われ、曲がりなりにも制度施策と社会資源の拡充が連動していく、日本の精神保健福祉のバブルのような時期を経験することになった。

●運動体の葛藤と精神科リハビリテーションの隆盛

精神障害をもつ人を対象とした地域活動は、従来から地域精神医学あるいは地域精神衛生(4)と呼ばれており、PSWのみならず病院や保健所に勤務する多くの職種が関わっていた。そして、一九七三年の保健所におけるデイケア事業や、社会復帰相談指導事業の開始に連動して、精神障害をもつ人を対象としたグループワーク活動、地域家族会の組織化と小規模共同作業所の建設などの活動に積極的に関わる保健所のPSWが多数認められるようになっていく。

地域精神医学あるいは地域精神衛生と呼ばれていた地域活動には、若手を中心とした改革派の精神科医のほか、養護学校設立運動やその理念の影響を受けた革新派の障害者福祉関係者が参加しており、両者の間には中間施設(5)や養護学校の設置や義務化(6)に関わる運動理念の相違が存在した。その結果、開放的な精神病院が存在する地域か否か、障害者運動の影響が強い地域か否かによって社会資源のあり方には差異が生じるようになる。

共同作業所を例にあげれば、反精神医学(7)の流れを汲み、開放運動の拠点となった精神科病院が立地する地域においては、従来の障害者福祉の枠とは別個の形で「精神単独」と呼ばれる精神障害に特化した共同作業所の設置が主に行われた。それに対して、養護学校設立運動の流れを汲み、卒業後の居場所として共同作業所づくりが進んでいた地域においては、心身障害を対象とした作業所に精神障害を受け入れる形の「混合型」と呼ばれる共同作業所の設置が主に行われた。

現代の教科書では取り上げられることはほとんどなく、正史からは葬りさられてしまった感があるが、一九七〇年代から八〇年代の精神保健福祉をめぐる政治情勢には複雑かつ激烈なものがある。とくに一九七〇年代までは反精神医学運動や障害者福祉の理念の影響を受けた様々な対立が認められ、その結果、精神障害者家族会やコメディカルたちの組織には深刻な葛藤が生じて、多くの関係団体や運動体が低迷・混乱状態に陥っていた。

そのなかで一九七四年に精神科デイケアや作業療法の保険点数化が図られ公設リハビリテーション施設などが僅かながらも発展し始めたこと、精神障害の職親事業が自治体で制度化され始めたこともあって、公設精神科リハビリテーション分野の精神科医のなかから、低迷していた家族会運動や関係団体への影響力をもつ人たちが現れるようになる。とくに、一九八〇年代に登場して精神障害者家族会の政策提言に理論的基盤を与えたと言われるのは、障害構造論など、疾病と障害の構造に言及した概念である。

日本における精神保健福祉分野の障害構造論は、国連の国際障害分類の発表に影響を受けて、公設の精神障害リハビリテーション施設に従事してきた精神科医たちから発案され[8]、精神障害者家族会や、地域生活支援活動を展開するコメディカルに広く受け入れられることになる。また、欧米の精神科リハビリテーションや、国連の地域リハビリテーション[9]の理念等の新しいモデルが日本に導入され歓迎されるようになっていく。

新しいリハビリテーションモデルはそれまでの日本に僅かなりとも存在していて、時に激しい対立や葛藤を惹き起こしていた様々な地域精神医学あるいは地域精神衛生活動とは異なった源流をもつものである。以上の歴史のうねりのなかで、筆者も必要に迫られて新しい技術、たとえば家族療法や家族心理教育、認知行動療法、身体的技法等を積極的に導入した側であることは紛れもない事実ではある。しかし、日常的な地域活動では、以上の装いがフィットしない現実を一方では抱えていた。そのため、当時の他のＰＳＷがそうであるように、筆者のなかにも歴史のなかで既に失われたとみなされている古いモデルが、新しいモデルと断絶した形で未だに残存している。そして、現在のモデルは本当に有効なのだろうか、そもそも新しいモデルへの志自体が正しかったのだろうか、という決して消えることがない疑問がしばしば浮かぶのである。

●愛憎の風土

一九八四年を起点としたひとくくりの時代、中間型保健所への勤務をとおして、筆者は、精神障害をもつ人たちが住まう地域の特性や文化と向き合わざるを得ない状況に追い込まれていた。筆者が向き合ったのは、人々をその懐に温かく包み込むと同時に、そこから逸脱したものを激烈な形で排斥するという、日本の農村社会の特色を色濃くもつ「風土」であり、物語風に言えば「愛憎の風土」とでも呼べるものである。「愛憎の風土」は、旧来の精神保健福祉行政が転換を迎えた時代に、都市型の文化と農村型の文化がせめぎ合う混沌とした地域に配属されたPSWであるからこそ、また、訪問活動を繰り返したからこそ、感じることができたものである。

個別面接においては、PSWは相談者の言葉と態度の背後に、彼らが住まう土地の暮らしや文化を対象化した形で見ているに過ぎない。それに対して、訪問活動のなかで感じられる風土は、地域の特性や文化と融合した形で相談者が自己形成を行ってきており、既に自己の生き方のなかに抜きがたく結びついていること、自己と切り離しては見ることができないものであることを実感させる力を持つ。

以上が実感された場合、PSWたちのフィールドは、オフィスでも、オフィスが存在する地域でもなく、利用者と利用者が住まう土地の暮らしそのものであると感じられるようになる。そして、職種よりも職場、職場よりも地域、地域よりも利用者が住まう土地の暮らしに、職務としての重点が置かれるようになると、これまでの重点からは自明のものとして捉えられていた継ぎ目は、次第に曖昧なものとなっていく。また、一旦シームレスな視点でものごとを捉え始めると、人為的な継ぎ目がもたらしている理不尽な現象、すなわち社会的な不正義と呼べるものが明確に視野に入ってくることとなる。

そのなかでPSWとしての帰属意識の中心を占めていったのは、特定の職種や、特定の学派の特定のアプローチでもなく、地域活動のフィールドこそがすべてであったと思う。また、ここで言うフィールドとは、保健所の管轄地域という行政単位のお仕着せ区分ではなく、人々と土地とその歴史のなかで何世代にも亘って培われてきた、その地方に特有のものと、現在暮らしている人々との融合体と言えるものであり、好き嫌いを超えて存在する圧倒的な生の現実である。

障害児療育に携わってきた心理職から成人期の精神障害に関わるPSWに異動したという、筆者の職歴には様々な事情や縁など、偶然の要素が関わっていた。心理職からPSWへの職種替えは、自分の住まう地域から仕事上の担当地域に自家用車で往復するという通勤形式と相まって、あたかも時空間の境界を往復しているような心的な営みを筆者に強いることになった。そして、バウンダリーでコムニタスな状況に置かれないと、日本的風土に生きる「精神病」者の苦悩が実感されないということ自体が、当時の「精神病」者の悲惨さと、従来の臨床活動のやり方の限界を表していたと思うのである。

何故なら、失われていくものだとしても、圧倒的な現実として今、ここに存在しているものを、既に失われているものと定義して、切り捨ててしまうような欺瞞的な状況がこの国の「精神病」者に対しては許されていたからである。

精神科医療をめぐる時代の地理や政治や文化

●格差の存在

筆者が赴任していた地域は、京都府の中西部に属する亀岡市であり、人口は二〇一七年四月一日時点で九万一〇七人である（亀岡市のホームページ「人口・世帯数の推移」より）。京都市・宇治市に次ぐ、京都府第三の都市でありながら、京都府最大の農地面積を持っており、伝統的な農村共同体と新興住宅地がせめぎあうような地域でもある。筆者が赴任した当時は、事業所の数と農業従事者の数が逆転し始めてから一〇年余り経った時であり、人口が七万から八万に急増していく時期であった[10]。また、人口急増に応えるべく、大阪府との辺境地域に安価な宅地が造成されたり、比較的至便な地域に新興住宅街が造成されたりしていた。しかし、人口急増に対応できるような医療体制はなく、精神科医療機関に至っては当時、皆無であった。

精神科医療については、障害者運動に協力的な京都府北部の精神科医療機関もしくは反精神医学の拠点と言われた京都府南部の精神科病院等の選択肢が存在したものの、いずれも亀岡市からのアクセスは悪く、通院を継続することは実際には困難であった。一方、亀岡市から比較的アクセスしやすいＪＲ山陰線沿線に京都市内の民間精神科病院が存在したが、この病院は当時、「悪徳民間精神病院」と呼ばれて関係者から忌み嫌われていた[11]。当時の相談者のなかにはこの病院の入院経験者も多数存在していたが、彼らが語る入院生活は「電気ショックを無麻酔でかけられた」「自殺者の死体処理をやらされた」などという壮絶なものであり、まさに命からがら逃げてきたと言っていい状況であった。以上の体験をもつ人々が精神科病院にもつイメージは当然、忌むべきものであり、その結果は医療中断という現象となって表れていた。

「精神病」者の定期的な通院と服薬は、良質な精神科医療機関へのアクセスのしやすさが保障されてこそ可能であり、そうでなければ、その人たちの暮らしや文化のあり様を維持することは難しくなる。また、ある地域の住民の医療機関へのアクセスのしやすさには、実際にはその時代の地理的な条件や交通機関の整備状況に加えて、暮らしや文化の親和性も関わってくる。実際の暮らしのなかでは、症状や医療の質だけを念頭に置いて医療機関へのアクセスが行えるわけではなく、様々な条件が実際には関わってくるのである。

たとえば、亀岡市の農村部の人たちの暮らしと文化は京都府北部との親和性が感じられるが、新興住宅地の住民の暮らしと文化には、京都市などの都市部との親和性が感じられる。また、同じ新興住宅地であっても大阪との辺境地域で交通のアクセスが悪い地域と、京都市へのアクセスが容易な新興住宅地との間で格差が生じる。以上の条件のなかで、京都市内の所謂「悪徳民間精神病院」が選択された場合は非人道的処遇と長期入院という結果となる。しかし、他の病院を選択すれば、通院の継続は難しく、医療中断が生じやすい状態となる。また、選択された病院の社会復帰の方針によって、地元の家族の下から保健所の社会復帰相談事業や隣接地の障害者の共同作業所の利用が推奨されるのか、単身アパート退院が推奨されるのか、などの違いが生じていたのである。

亀岡市に住まう人々は、交通の便や地理や暮らしや文化との関わりのなかで、アクセス可能な数少ない精神科医療機関を選択せざるを得ない状況に当時置かれていた。また、その選択によって「精神病」者と精神科医療機関とのつながりや社会復帰のあり方は拘束されたのである。このことは、精神障害をめぐる時代と地理と文化と政治によって精神科医療とのつながりや、社会復帰のあり方についての相違と格差が生じて、「精神病」者の運命が決定されていくことを意味していた。

●共同体に生きる人々

筆者が赴任して間もなく、精神衛生相談は駆け込み寺のような様相を呈していく。地域社会で孤立する「精神病」者や、地域社会で不適応状態となった療育手帳を所持していない知的障害をもつ人とその家族などが駆け込んでくる状態であり、いわゆる「医療中断」者の相談がほとんどを占めていた。「医療中断」者が受けていた地域社会からの差別は激烈であったが、他方では未治療で急性症状にしばしば陥る人たちも地域社会に存在しており、農村部ではそれらの人たちは「呆けた人」と柔らかい言葉で呼ばれて、田植えや村の行事に受け入れられていた。

たとえば、アルコール依存症で入院中の夫を「すぐに退院させてほしい」という相談を妻から受けたことがある。この男性は、アルコールの離脱症状からくる振せん・せん妄状態のために保護室に入っていたのだが、退院を希望する理由として「田植え」があげられた。世帯主が田植えに参加することが、アルコール精神病という事態に優先されるような農村共同体の暮らしのなかに彼らは生きているのである。

別の統合失調症の成人男性は未治療のまま、農村生活を送っていたが、周囲の人たちがそのことを気にしている様子はなく、特段地域からは何の苦情もあがらなかった。しかし、ある年に限って「かなり具合が悪いのではないか」という相談が寄せられた。その理由は「種まきに今年は出てこない」というものである。

農村部の暮らしのなかには、近代的な精神科医療とは異なったフレームをもつ価値基準が存在しており、その一例としては、人々が人生の節目を迎えた時に訪れる「拝み屋」の存在があげられる。「拝み屋」とは特定の宗教団体に属さず、個人として悩める老若男女の相談に乗ると同時に、祈祷やお祓いを行う人たちであり、一種のシャーマンである。筆者の相談者のみならず地元の専門職のなかにも少なからず「拝み屋」を信奉している人たちが存在しており、「拝み屋」は人々の暮らしのなかにごく自然に溶け込んでいた。実際、筆者が話す言葉が「拝み屋さんとそっくりだ」ということである相談者から多大な信頼を寄せられたこともある。

以上の状況は、その土地での暮らしを理解しなければ、極めて奇異なものとして捉えられる。実際、以上のメンタリティを持つ暮らしと文化について都市部の精神科医療機関の従事者が了解することは非常に難しく、「精神障害に対して理解のない家族や住民」という安易な解釈が成されるという事態にもしばしば直面した。一方、障害児療育に携わった心理職の前歴ももつ筆者には受け入れがたい精神科医療の現実にも直面した。

当時、精神科医療機関に入院している人々のなかには知的障害者が多く認められた。彼らは「接枝性分裂病」という診断を受けて長期入院していたが、その内実は地域社会や職場のなかで適応障害を起こして居場所を失った知的障害の人たちに過ぎない。以上の人たちが精神科医療機関に放置された状態で収容されていることに対しては、自分が関わった障害児たちの将来を見るようで辛かったのである。彼らの多くは、療育手帳制度の発足以前に成人期を迎えた人たちであり、健常住民として地域社会のなかでそれまでは何とかやってきた人たちである。また、農村型の暮らしと文化のなかには、そのような人たちを受け入れる生産活動の場が存在していた。しかし、一旦、知的障害や精神病者のレッテルを貼られた人たちに対する差別は激烈であり、精神科病院に入院するという事態は生産の場と居場所を同時に失うことを意味していた。

筆者が出会った「接枝性分裂病」の人のなかには、農村共同体での居場所を失い、農繁期には村の集会場のガラス窓や戸を斧で壊すという形で、コミュニティへの攻撃を繰り返す男性が存在した。この男性の攻撃のきっかけには耕地整理が存在した。

日本の農村部のなかには「○○鎖国」と呼ばれるような周囲とは隔絶した地理条件をもつ土地が存在しており、そのなかには平安時代からの農地の区画が残存している処がある。古くから存在する農地の区画は、そこに住まう人たちの共同体のなかでの均衡の象徴でもある。田畑には水捌けや日照時間の差異によって生産性の差異が生じるので、面積の上での公平な分配が当事者たちにとっての公平さに直結するわけではない。そして、近代に始まり、現代まで自治体単位で行われている耕地整理の事業によって、それまでは保たれてきた共同体の均衡が崩れてしまい、土地をめぐる不公平感が表面化することもある。

彼の場合も耕地整理をきっかけとして被差別感情が刺激されたという経過がある。彼の口癖は「わしはこの村を一度も出たことがない、南座に行ったこともちらし寿司を喰ったこともない、浪曲を聴いたこともない」というものであった。保健師と共に、筆者も定期訪問を繰り返したが、その際には浪曲のテープを持参して一緒に聴いたりした。最初に浪曲のテープを聴いた時に、彼は口を開けて大きな声をあげて笑ったが、そのような笑顔を見たのは初めてであった。彼にとっての豊かな暮らしとは、自分の苦労が労われ、時には浪曲を聴き、ちらし寿司を食べるという暮らしであり、その暮らしが共同体のなかで確保される必要があったのかもしれない。

このような訪問活動の根拠は、保健所の社会復帰相談事業であったが、「社会復帰とは一体何なのだろうか」「どこに復帰するというのであろうか」という疑問が筆者から消えることはなかった。農村共同体への適応に失敗した人たちにとって精神科医療につながるということは、共同体のなかでの居場所を失うという事態につながる。しかし、彼らのメンタリティや暮らしは共同体から離れては成り立たず、共同体の外の世界で生きるという選択肢は存在しない。共同体のなかで失われた居場所を、共同体のなかで再びどのようにして再構築するのかは重い課題であり、たんに社会資源につなげれば良いという問題ではない。

精神科医療には時代を超えて、地域やその時代の医療や福祉サービスのフレームから逸脱してしまった人たちや、制度の谷間に置かれてしまった人たちを受け入れる機能が期待されており、この時代、「接枝性分裂病」と呼ばれた人たちがその対象となっていた。その後、バブル期は境界性パーソナリティ障害や認知症の人たち、次いで成人期の発達障害の人たちというように、その時代、その時代ごとに居場所を失った人々に対する消極的な意味合いの受け皿としての精神科医療と精神障害者福祉は機能し続けていくのである。

●医療中断者たちへのアプローチ

では、精神科医療や社会復帰対策にアクセスできず、かつ地域社会のなかでの居場所を失った人たちに対してどのような対応が考えられるのであろうか。以上の問いに対する明確な答えはないが、それでも、そこに住まう人たちの暮らしと文化を把握するための訪問活動を重視することと、精神科医療や福祉に関わる情報を届けること、社会資源がないのなら社会資源を作ることがPSWの使命として浮かび上がってくる。

精神衛生法上の業務に従事する行政吏員のPSWは当時、精神衛生相談員という行政用語で呼称されていたが、その業務に従事していた者たちは、当時から好んで精神医学ソーシャルワーカー（Psychiatric Social Worker：PSW）を名乗っていた。PSWは、「Psychiatric」という言葉が指し示すイメージよりは広義の意味で使用されており、精神科医療機関に勤務しているソーシャルワーカーだけではなく、行政吏員で精神衛生法上の相談に関わる相談職をも指し示していた。創設期のPSWは力動精神医学的なアプローチに基盤を置くものが多かったが、一九七〇年代の世相や相次いで生じた精神科医療機関の不祥事のなかで、地域活動に基盤を置いたソーシャルワーク的活動が次第に重視されるようになる。PSWたちがフィールドで接触する援助要請者は、狭義の意味での精神障害をもつ人に限らず、福祉施策の谷間に存在するような対象者たち、すなわち様々な疾患や障害や生活歴をもっていて、コミュニティから疎外され孤立する人々が認められた。

当時、PSWを名乗る者たちがめざしていたソーシャルワークの理念に基づく支援活動や社会資源づくりと、現実の法律や職場が要請している業務との間には様々な亀裂が生じていた。障害福祉サービスには「医療中断」者ではなく、医療とのパイプが確保されたものが導入されるべきものだという常識が支配するなかで、筆者も社会復帰相談事業という名目で「医療中断」者の福祉的な相談に応じると同時に、多くの社会資源の創設に否応なく関わることになった。断酒会の誘致、地域家族会の創設、精神障害をもつ人たちの憩いの場から共同作業所の創設、地域の精神科診療所の開設。そのたびに、地域社会のみならず行政組織の内部にも存在する大きな抵抗に直面することになった。それに対して、様々な取り組みを行い、それなりの努力をしたとは思うものの、それに見合うとは思えない形で「医療中断」者たちは新しい医療や福祉の枠組みのなかに意外にも容易に導入されていった。そして、社会資源に導入された「医療中断」者の多くが結果的に精神科医療に通院して服薬するようになるという現象が生じて、当時の常識とは逆コースで精神科医療との結びつきが確保できるようになっていく。そのなかで、精神衛生法から精神保健法への改正に伴って、精神衛生相談員は精神保健相談員に、次いで精神保健法から精神保健福祉法への改正に伴って精神保健福祉相談員となり、精神保健福祉士の国家資格化に伴って精神保健福祉士という名称も併せて使用するようになった。

この変遷は、ソーシャルワークの理念と現実が折り合っていった過程であるかのように捉えられる。同時に、相談支援の技術についても認知行動療法やストレングスモデルに基づくケアマネジメント等が隆盛していく。しかし、現代のストレングスモデルのなかで強調されているアウトリーチや利用者参加のチームアセスメント等の技術は、考えてみれば、全く新しいものではなく、古くから公衆衛生看護や、地域精神医学や地域精神衛生と呼ばれた活動のなかでも認められたものである。そして、従来から存在していた活動の延長線上のなかで、それらの技術が導入されていったのではなく、政策と結びついたトップダウン形式で画一的に導入されていったという経過のなかに、問題が存在していたと思うのである。

共同体のなかでの居場所を失った人たちが求めていたのは、近代的な精神科医療やリハビリテーションそのものではなく、それらが実施されている処に存在したソシアビリティそのものである。また、以上が失われた共同体の代替的な存在とみなされたからこそ、当時の「医療中断」者は容易に精神科医療や福祉サービスのフレームのなかに導入できたのではないだろうか。共同体のなかで生きる心性をもっていた人々は、新たな居場所を精神科医療や福祉サービスが作りだした社会資源のフレームのなかに見出そうとする。彼らは決して精神科医療や福祉サービスのフレームそのものを受容しているわけでも、その従事者が信奉している精神医学の理論を受け入れたわけでもないと思う。ただ、彼らに唯一与えられた共同体の成員たる医療・福祉サービス従事者の面子を立てて、彼らとの人間関係を維持するために、その共同体の掟にしたがって服薬、通院していたと思うのである。

●共同体の新参者と共同体から出立する人たち

当時の亀岡市の援助要請者たちは、三つのタイプに大まかに分けられた。

第一は、「未治療の精神障害」者であり、前述したように農村型の共同体という生産と生活の場が直結した土地で暮らす人たちである。第二に、「医療中断の精神障害」者である。医療中断には二通りの大まかなタイプがさらにあり、ひとつは農村型の共同体から疎外された人であり、もうひとつは、就学や就職によって地元を出て行ったものの、発病により戻ってきた人たちである。第三は「初発の精神障害」者であり、僻地のニュータウンや新興住宅街の人々に暮らす、新規参入者であり、労働と生活の場が分離した人たちである。彼らは自他ともに「よそ者」であり、亀岡市の土地の暮らしに対しては、地元という意識が持てない人たちでもある。

第三のタイプは、気分感情障害などの症状に悩んでいる人たちが多く、とくに僻地のニュータウンでは、所謂「引っ越しうつ病」などの症状が顕著に認められた。京都市と亀岡市をつなぐ山陰線の複線電化や京都縦貫道路は起工して間もない頃であり[12]、インフラが整備されていない環境に核家族向きの安価なマイホームを求めて転入してきたものの、それまでのライフスタイルとは隔絶した慣れない環境のなかで孤立してしまい、うつ状態に陥ったのである。彼らは口ぐちに田舎の生活の閉鎖性を訴え、なかには地元住民に対する嫌悪感をあからさまに口にする人たちもいた。一方、バイパスによる土地買収に伴い、収入を得て以前よりも立派な家を手に入れた人や、新興住宅地の人たちの間にも気分感情障害やアルコール依存などの症状が認められた。彼らは精神科医療へのアクセスを求めており、通院や服薬に対しても抵抗感は少なく、その意味では近代的な精神科医療の受給者と言える人たちである。いずれも亀岡の土地と暮らしに対する思い入れは感じられず、時に嫌悪している様子すら見受けられた。

以上の相談者に仕事として関わりながら、筆者は前述したとおり自宅から職場へと自家用車で通勤していたが、亀岡市と京都市の境にある九号線の老ノ坂トンネル(13)で、相談者の一部としばしば遭遇することとなった。遭遇すると言っても、実際には自家用車ですれ違ったに過ぎないが、すれ違う人たちのほとんどは「医療中断の精神障害」者であった。筆者が帰宅する夕刻から夜にかけて、彼らは京都市への「徘徊」を終えて地元に帰ってくるのであるが、山裾に立っているラブホテルと古びたトンネルが並んでいる国道沿いの道を徒歩で歩いてくる姿には何とも言えない哀愁が漂っていた。そのなかには過去に保津峡に飛び込んで自殺を図った男性が居て、一層、物悲しさを感じさせた。

彼の母親は、田舎に色濃く残るシングルマザーへの蔑視のなかで、気丈に子どもたちを育て上げた。しかし、彼の同胞たちは就学や就職を機に「二度とここには戻らない」と言い捨てて母親の元から旅立っていった。彼も京都市の大学への進学を目指すが、失敗して地方の大学に行き、発病して地元に戻ってきた。そして同胞のなかで彼のみが「逃げ遅れた」状態になったのである。「(同胞のなかで)最も成績が良かった」「最も期待していた」という彼の帰郷により、彼も母親も地域社会から孤立していった。そんな人たちである。

進学や就職を機に亀岡市から出て行く時に彼らはかつてどのような思いを抱いていたのだろうか。そして発病して故郷に戻ってきた時はどうだったのだろうか。京都市への徘徊と地元への帰郷を儀式のように繰り返す彼らを見ながら、そんなことを当時はよく考えていた。一方、朝方の通勤途上で、霧深い亀岡市からトンネルを抜けて京都に向かう「徘徊者」とやはりすれ違うことがあったが、その際の彼らの姿には何か浮き立つような雰囲気があった。これらの情景は、筆者に出立の病という言葉を連想させるものであった。

精神病、とくに統合失調症は青年期の病、出立の病だと言われる。しかし、近代的な意味での出立とは、何かが異なると思う。生まれた土地から出立するということは、ここでは共同体のなかから異質な顔を出すことでもある。彼らの出立には、彼らの上の世代が地元に持っている複雑な思いも絡んでいる。そのような状況から出立して、その先で発病して帰郷した者とその家族にはもはや地元には居場所はなく、「愛憎の風土」だけが存在していたのである。

日本的風土に精神科医療が与えたもの

日本ではコミュニティワークは地域福祉と呼ばれており、行政の管轄地域に存在する社会福祉協議会などが行う取り組みの名称のように、教科書などでは扱われている。しかし、筆者が精神衛生相談員として最初に赴任した地域で直面した事態は、行政単位というお仕着せのコミュニティではなく、風土という、失われていく共同体が確かにそこに現存しているという実感のなかにあった。同時にそれらの風土には新興住宅街の文化も既に進出していた。以上の文化がぶつかり合い、そこに精神科医療が関わった時代は、日本の精神科医療が不幸な発展を遂げた時代と合致する。「医療中断」者が存在する背景には、その他多くの「長期入院患者」が「社会的入院」を継続しているという事実が存在するのだ。「医療中断」者とは「社会的入院」を逃れた人、免れた人である反面、「都会」の精神科医療機関から「精神病」というレッテルを張られたうえで、地元のコミュニティに丸投げされ、孤立している人々である。「長期入院患者」と、コミュニティから孤立する「医療中断」者たち。それは日本の精神科医療が風土に与えた人為的産物である。そして、その人たちへの相談サービスをどのようにするのかが、報徳会宇都宮病院事件という未曽有の惨事の後、漸く国策としても取り組まれるべきこととされる時代を迎えた時が、筆者がＰＳＷとしての職歴を重ね始めた時期と合致したのである。

そのなかで、本稿では日本的風土に対して「未治療の精神障害」者や「医療中断の精神障害」者、そして、新規参入者である「初発の精神障害」者たちが持っている愛憎について取り上げた。いずれも筆者がリアルタイムで体験した「愛憎の風土」の物語ではあるが、単発的なエピソードの羅列に終わったという感がすることは否めない。しかし、以上のエピソードの背景には共同体への希求と、共同体からの出立という、共同体に纏わる桎梏のドラマが存在しており、そのなかで居場所を失った人々に対して、現在の精神科医療も障害福祉サービスもお仕着せの共同体しか作ってこなかったと思うのだ。

日本の近代化は風土の桎梏のなかから異質な顔を現していくという形で達成されたと思うのだが、それに対して、欧米的な精神科医療やリハビリテーションはやはり個人主義が色濃いものである、個人主義的な自我を前提としたものであると思う。では、どのようにしていくのか。これは筆者がソーシャルワーカーであるからかもしれないが、その時代の地理や政治や文化を含んだ暮らしのなかで、また、様々な暮らしの形態が錯綜しているなかで、その人の自己のあり方を感じて関わっていくこと、すなわちフィールドに入っていくことがやはり重要であると考える。もし、日本的なるものが存在するとしても、その時代の地理や政治や文化から独立した心性として存在するのではない。また、その前提のもとで、人々の暮らしの現実を捉えていく必要があるのではないだろうか。

おわりに

居場所を失った「精神病」者たちは、精神科医療が日本的風土に与えた人為的産物であり、ある時代の国策の犠牲者でもある。しかし、様々な対策が講じられたのにも関わらず、社会的入院は一向に解消されず、過去の「医療中断」者たちは時に命がけで逃亡した精神科医療の枠組みから、障害福祉や高齢者福祉サービスの枠組みのなかで生きるようになっている。サービス利用者と提供者はともに障害福祉や高齢者福祉サービスという実践共同体の構成員であるが、そのなかで自らが生きるフィールドを奪われた人たちが存在していることと同様に、彼らに関わる援助専門職からもフィールドが次第に奪われつつあるのではないだろうか。

援助専門職にとってフィールドとは言わば神のような存在であり、そこから遠ざかれば、利用者らしさ、日本らしさもはや発見できず、見失うばかりになると思うのである。(14)

文献と注

(1) 保健所はその性格によって都市型、農山漁村型、中間型、人口希薄地域型、支所型に分類されていたが、現在ではその区別はされていない。

(2) 一九八三（昭和五八）年、栃木県宇都宮市にある精神科病院報徳会宇都宮病院で看護職員らの暴行によって患者二名が死亡した事件であり、翌年三月に朝日新聞によって報道されて世間の注目を集めた。以上の事件は、国連人権委員会などで取り上げられることとなり、国際的な非難のなかで日本政府は一九八七年の精神保健法制定を行わざるをえない状況に追い込まれた。

（3）厚生労働省の医療施設動態調査によれば、我が国の精神科病院数は一〇六一ヵ所、その病床数は約三三万三七五六床となっており、全病床数の約二割を占めている（平成二九年一月末概数）。また、精神科病院の平均在院日数は二八一・二日（平成二六年病院報告）である。以上の数値はOECD加入国のなかでも際立って高い数値である。

厚生労働省「医療施設（動態）調査（平成二九年一月末概数）」

厚生労働省「平成二七年（2015）医療施設（動態）調査：病院報告の結果」

（4）精神科病院内で行われる精神科医療については病院精神衛生と呼ばれているのに対して、地域社会のなかで行われる精神科医療活動については地域精神衛生（community mental health）あるいは地域精神医学（community psychiatry）と呼ばれている。なお、カプラン（Caplan, 1961）は、予防精神医学や地域精神保健の立場から地域精神保健を第一次予防、第二次予防、第三次予防の三段階に分けている。

Caplan, G.（1961）*An approach to community mental health.* Grune & Stratton.［G・カプラン／山本和郎（訳）（1968）『地域精神衛生の理論と実際』医学書院］

（5）一九六九（昭和四四）年六月、中央精神衛生審議会第二部会（社会復帰施設部）は精神障害回復者社会復帰施設要綱案を答申して、一九七五（昭和五〇）年には「精神障害回復者社会復帰施設」の運営要綱が示され、一九七八（昭和五三）年四月には、中央精神衛生審議会から「精神障害者の社会復帰施設に関する中間報告」が発表された。これを受けた厚生労働省は社会生活適応施設構想を発表して社団法人熊本県精神病院協会を運営主体とする「あかね荘」が一九八一年に開所された。以上の経緯のなかで、日本精神神経学会では「中間施設論争」と呼ばれる論争が生じて、社会復帰施設をめぐって日本精神神経学会と全国精神障害者家族会（以下：全家連）の間には意見の対立が生じるようになった。一九七九（昭和五四）年の日本精神神経学会第六七回総会では「社会復帰が停滞している最大の要因として、病院医療の中に作業療法、社会復帰病棟、訪問指導のための活動が財政的裏付けを持って正しく位置づけられていない。この現状を改革せずに施設を安易に設置することは、病院医療の現状を固定化し、精神科医療の一部門であるリハビリテーション活動を医療から切り離す危険性をもつ」との要望が出され、厚生省案に反対することが決議された。同学会は一九八一年にも「熊本県精神衛生社会適応施設『あかね荘』に関する見解」を発表して同施設の管理的色彩や職員配置の不十分さを批判している。そのなかで、当初は全国五カ所の予定で予算化された精神障害回復者社会復帰センターについては都道府県のどこからも設置希望がなく、復活折衝のなかで全国一カ所の国庫予算が初めて成立して一九七一年に川崎市社会復帰医療センターが開設された。川崎市に続いては岡山県に内尾センターが設置したのみで毎年五カ所ずつ計上された予算が流れるという経緯があった。一方、東京都では全家連の都連が議会請願を行い、一九七二年に東京都精神障害者社会復帰施設条例が都議会で可決され、東京都は独自予算を組み世田谷リハビリテーションセンターを開設している。なお、全家連は、社会復帰施設の設置について一九六九年一〇月に厚生大臣、大蔵大臣宛てに「（略）病院と社会の橋渡しの役割を果たす社会復帰センターが、どうしても必要であります」「私どもの多年にわたる悲願であることをご洞察され、必ず実現されますよう、心から要望いたします」との要望書を提出している。

(6) 日本では明治維新に学制が布かれたが、一八八六(明治一九)年の小学校令で「就学猶予」の規定がなされ、一八九〇(明治二三)年の第二次小学校令でも経済的困窮児らと並んで、障害児の「就学免除」の規定がなされた。以上の規定は戦後の「学校教育法」でも存続され、一九七九年の養護学校義務化によって解消されることになる。この間、就学保障を求める運動が「全国障害者問題研究会」(全障研)によって展開されるが、その理論的支柱とされたのが、知的障害児施設「近江学園」の糸賀一雄の実践をモデルとして田中昌人が提唱した「発達保障論」である。しかし、田中らの「発達保障論」を信奉する人々と、統合教育を推進する立場の人々との間には対立が生じることとなった。

(7) 一九六〇〜七〇年代にかけて精神医学内部から湧き起こった精神医学的常識に対する反撥、挑戦という政治性を伴った潮流の総称でクーパー(Cooper, 1967)によって反精神医学という名称が提唱された。

Cooper, D. G. (1967) *Psychiatry and anti-psychiatry*. Tavistock Publications.[D・G・クーパー/野口昌也・橋本雅雄(訳)(1974)『反精神医学』岩崎学術出版社]

(8) 障害構造論の隆盛はWHOの国際障害分類第一版(International classification of Impairments, Disabilities and Handicaps:ICIDH)の発表を契機とする。WHOが一九八〇年に国際障害分類を発表してから様々なモデルが提唱されるようになり、日本でも上田の障害構造論のモデル「体験としての障害」(上田、一九八七)が広く知られることとなる。そのなかで、精神保健福祉分野における障害構造論として、「絶妙のタイミング」(岡上、一九八一)で発表され、当時の政策に影響を与えたと言われるのが全家連月刊誌にも連載された「精神障害論試論」(蜂谷、一九八一;蜂谷、一九八六)である。蜂谷モデルは「病者であって障害者である」という慢性疾患における砂原の説明概念(砂原、一九八〇)を前進させ、精神障害をもつ人を「疾病と障害の共存」「生活障害者」という説明概念で著して、精神障害に対して医療と福祉の両方のサービスが必要であることを普及させた。日本の障害構造論には上記以外の様々なモデルが登場しており、一方では構造論の功罪も語られている。しかし、多職種が協働してアプローチしていくリハビリテーションが必要なこと、社会復帰施設の建設が必要とされることは次第に公然と語られるようになっていく。一九八七年に制定された精神保健法では、「中間施設論争」の影響もあり慎重論が支配するなかで、精神障害リハビリテーションを推進する立場の精神科医の支持を得て、厚生省精神保健課は社会復帰施設を社会福祉事業法に基づく第二種の事業として位置づけられた。以上は精神障害リハビリテーションの必要性が公認されたことを現すものであり、全家連にとっては運動の成果に他ならない。以後、全家連は厚生労働省や精神障害リハビリテーションを推進する立場の研究者たちとの密着を深めていくが、二〇〇七年四月一七日に補助金目的外不正流用事件の発覚をきっかけとして破産、解散することとなり、その四〇年に亘る歴史にピリオドをうった。

上田敏（1987）『リハビリテーションの思想：人間復権の医療を求めて』医学書院　pp.100-104.
岡上和雄（1981）精神疾患における「障害」論の登場とその意義．全家連30年史編集委員会（編）『みんなで歩けば道になる：全家連30年のあゆみ』全国精神障害者家族会連合会　pp.124-127.
蜂矢英彦（1981）精神障害試論：精神科リハビリテーションの現場からの提言．『臨床精神医学』*10*, 1653-1661.
蜂矢英彦（1986）「精神病」と「精神障害」の概念について考える〈1〉～〈3〉.
砂原茂一（1980）『リハビリテーション』岩波新書

(9) 地域リハビリテーション（Community based rehabilitation：CBR）は発展途上国の支援概念であったが、専門職の確保が困難な発展途上国の精神病の治癒率や障害者のQOLが先進諸国に比してけっして低くない実態から、環境の欠陥よりもコミュニティの力に焦点をあてる重要性が認識され、逆に先進諸国に取り入れられた概念である。CBRという名称は、一九七六年にWHOが「障害の予防とリハビリテーション」に関する総会決議を行った際初めて使用され、一九八一年のWHOリハ専門家会議において「障害者自身やその家族，その地域社会の中の既存の資源に入りこみ，利用し，その上に構築されたアプローチ」と定義された。また，一九九四年の国連三機関（WHO、ILO、UNESCO）の共同施策方針では「CBRとは、地域開発におけるすべての障害者のためのリハビリテーション、機会の均等、社会への統合のための戦略である。CBRは障害者自身、家族、地域社会の共同の運動、そして適切な保健、教育、職業、社会サービスによって実施される」と定義された。日本では、一九八三年の老人保健法施行後以降に使用されるようになり、一九九二年に開催された第二九回日本リハ医学会総会で，地域リハがメインテーマとされて広く関係者に知られるようになったが、使用される文脈は統一されておらず混乱が見られる。

(10) 亀岡市郊外の大阪府との府境付近の山岳地は建築基準無指定地域であり、一九八〇年代以降、民間業者によるニュータウン開発が行われた。しかし、インフラは整備されず、学校や病院もなく、冬は積雪のために移動が難しいなど、多くの問題を抱えている。
亀岡市ホームページ市政（統計） http://www.city.kameoka.kyoto.jp/shise/toke/index.html（情報取得二〇一一・九・二〇）

(11) 昭和四二年六月、京都府の十全会病院グループに対して京都府患者同盟が、患者を掃除、給食、おむつ交換、院長宅の雑役などに使っていると抗議活動を展開した。次いで昭和四四年一一月、京都の障害者や福祉関係者の組織している社会福祉問題研究会に、十全会の退職者や患者、家族から人権侵害の医療の実態が訴えられた。この経過のなかで昭和四五年四月に、精神障害者家族あけぼの会が結成され、社問研とともに十全会の件を府会に訴え、同年七月の府会本会議で厚生労働委員会が四回開催されて、一〇月には精神科医療の充実向上、作業療法の改善、職員の確保、患者の人権擁護などに関する府会勧告が、全会派一致で決議された。また、末川博立命大名誉総長、住谷悦治同志大総長、三浦百重京大名誉教授ら、学界、宗教界、法曹界、社会福祉界の代表的メンバーが発起人となって、十全会を告発する会が結成され、同年一二月、しばりつけや薬づけによって傷害や死亡を招いた三例について、十全会の医師を、京都地方検察庁に告発するに至った。

(12) 山陰線複線電化は一九八〇年起工で一九九〇年京都~園部間が電化開業している。また、京都縦貫道路は一九八一年起工で一九八八年京都~亀岡間が開通している。

(13) 旧山陰街道の京都市（山城国）と亀岡（丹波国）の境にあり、京都洛中の西の玄関口と言われる老ノ坂峠の手前にあるトンネルであり、明智光秀が織田信長を討つ際に通った場所としても有名である。また、京都では有名な心霊スポットでもある。

(14) 本稿は筆者が著した『臨床場面のポリティクス』のあとがきに記載した内容の一部と「日本的精神療法」に関する過去の講演内容を併せて加筆を行い、再編したものである。

吉村有里（2009）『臨床場面のポリティクス：精神障害をめぐるミクロとマクロのツール』生活書院

おわりに

本書は『国際比較篇』であるが、比較そのものが目的でないことをまずお断りしておきたい。各国の心理療法の特徴をあぶりだそうとしているのではない。

では何のための「比較」か。比較は物事を明確にする。その言わば武器を使って、日本の、そして日本の心理療法の特徴を抽出しようと試みたものが本書である。

この巻は当初から難航が予想された。国際比較などできるのか。そのことにより日本の、そして日本の心理療法の特質を抽出することなど可能なのか……。ところが蓋《ふた》を開けてみると、思いのほか、ありきたりでない、それぞれの先生方の経験と洞察から生み出された珠玉の言葉の数々を賜ることができた。ありがたい限りである。

名取は「序」で以下のように述べている。

筆者は共同研究者とともに「心理療法家の職業環境の国際比較」というプロジェクトで、世界数カ国の心理臨床家にインタビューを行った。インタビュー項目には、局所性を意識した項目、「あなたが活動しているこの国・土地の伝統や文化はあなたの仕事に影響していますか」という項目を加えておいた。（中略）アメリカの調査協力者（心理臨床家）の回答は筆者らの予想を裏切るものであった。そのような影響はあまりないし、考えたこともない、との回答なのだ。自分たちは転勤して活動の場所を変える機会も多く、ローカルな特性を自らのうちに育てることなく、どの場所に行っても通用する原理、方法論を体現する方向で仕事をしている。だから、どの場所で行おうが、変わりはない、というのである。

この反応はほぼ予想に近いものであった。名取が実際に世界各地に足を運び、得られた知見であるゆえ、重く受け止めなければならない。調査対象がユング派分析家中心となっていることを考えると、さもありなん。つまり、ユング派深層心理学徒は「普遍的無意識」に属目《しょくもく》してセラピーを行っているという自負がある。文化差を云々《うんぬん》する層に対する目配りをないがしろにはしないまでも、文化差を超えた人間の普遍的深層へとまなざしが傾斜しやすい。前記の引用は、それゆえの言であろう。

クーグラー論文においては、ユングの自伝を引用し、自らの考察を述べている。

「自我が最高の位置にあるという考えを棄てねばならぬことが立証されてきた。結局のところこのような考えを維持しようとしたとき、私は急にさえぎられたのだ。『変容の象徴』において私が始めた神話の科学的な分析を、続けてゆきたいと思っていた。それは未だに私のゴールであった――しかし、私はそれを考えてはならないのだ。私はこの過程をつき進まねばならないと強く感じていた。私は自分がどこに連れ去られるかを知らないままに、その流れの中に身をまかさねばならなかった。しかしながら、マンダラを描き始めてからは、すべてのこと、私が従ってきたすべての道、私の踏んできたすべての階段は、唯一の点へと導かれていることが解った。マンダラは……中心への、すなわち個性化への道であることが段々と明らかになってきた。」

ところで、ユングが発見していくこの新たな中心とはいったい何であろうか。自我よりも上位に位置づけられるような内的主体とはいったいどのようなものなのであろうか。ユングは自我をより深い主体、すなわち意識を超越した主体と結びつける心理的プロセスを発見していたのである。

「この新たな中心」こそが、普遍的無意識の中核たるselfないしthe Selfであろう。セラピーのプロセスにおいて、セルフが常に念頭に置かれるとするならば、述べたように文化差に対する慮《おもんぱか》りはその分減じることとなる。

続く樋口論文ではどうであろう。クーグラーと同じくユング派分析家の樋口もまた冒頭に近いところで「日々の心理療法の現状では日本人の心理特性を考慮した日本的な療法をわが国の人々に実施すべきだとするのは時代錯誤である」と述べている。しかし論述が進むにつれ、

宗教的な西欧人の核心的な信仰や信念など、では我々はどの程度理解できているか、という疑問に出会うのである。これは心理療法を行なう場合、結構致命的な課題になると思っている。それを端的にいうと、絶対性の問題である。いくら西欧的な療法を取り入れることができても西欧的な信仰の核になる絶対的な人格的な神の存在を理解することなしに、基本を把握できないと私は愚考している。

人間と神との間には絶対的に超えられない淵があり、神はいつまでも神で絶対的に人間になれない。これが神の本質であると言う認識である。また、そこから様々な神が人間になる思想的な分派は後世派生するが、まず質的断絶が基本である。まず西洋の方々はそれを前提として考えていて、この絶対的な人格神との関係を肯定しようとしまいと、西欧人の思考の根底にはこれが存在していると私は考えている。

と続けている。

つまり、文化差の考慮の重要性が強調されている。ユングが普遍的無意識と言うとき、人類全般におけるそれがまなざされた。が、彼は、西洋人であり一神教の国に生を受けた人であった。彼が普遍的無意識と言うとき、どうしても西洋における、という但し書きを付す必要があると感じられる。後述する吉村論文で詳述されているように、人間はどこまでいっても生を受けた風土からの影響を免れ得ない。

続く佐山論文もまた非常に貴重なものである。氏は日本で生まれ育ち、アメリカ・スイスを経由した後、ロンドンを拠点として長年ユング派分析家の仕事に携わっている。さすれば当然のこととして文化差を考慮せざるを得ない局面にしばしば、というより日々遭遇しているであろう。

私など、スイスのチューリッヒに住みはしたものの、それは勉強期間の三年間のみであった。ところが佐山は、二十年以上も職業人つまりその地の本格的一員として生活を続けている。文化差葛藤も並大抵のことではないであろう。

しかしその佐山もまた論文の冒頭付近で以下のように述べている。

はじめての分析の中でこの複雑なふるさとの思いがこのスイスに住むアメリカ人の分析家に、なんなくそのままわかってもらえたとき、わたしはふるさとを取り戻して生き返った。ふるさとは「遠い日本のあの田舎にある」のではなく、実は、今ここの、自分のこころの中にあるのだ、ということを経験した。自分は世界のどこにいてもふるさとと共にあるのだと実感した。そのとき、大地に足をおいて、すっくりと立ち上がれたように感じたのだ。チューリッヒ滞在中に老齢の父の危篤状態を知らされて一時帰国したあとに、ロンドンに移ってまもなく、父も死去したから、そんなとき、ふるさとは自分の中にあるという思いが強い助けになった。いわばわたしは『孤児』になったのだが、孤児ではなかった。どこで捨てられようが、拾われようが、どこで野垂れ死にしようが、わたしは母国と共に、ふるさとと共に、自分の人生を完結するのだというなんともいえない力強さがあった。これこそがふるさとという文化の元型に触れた経験といえる。

まずは文化差を超えた「ふるさと元型」に言及し、それに支えられた経験が述べられている。苦しみが深いとき、文化差を超えた、ごく深層に存在する「力」が人間を救ってくれる。このことが佐山の個人史と重ね合わされつつ表現されているのでとても説得力がある。

しかし、その後、徐々に文化差への着目が表現されていく。やや長文の引用となることお許しいただきたい。

その点、英国での歴史は、こちらから求めずして、膨大な資料を駆使して、良いことから悪いことまで、洗いざらい見せてくれる。酷評の国である。しかし、すばらしいと思うのは、その酷評を受けた側が感情的に怒りを爆発させるのではなく、それを切り返す十分なロジックを持っているということだ。言うほうも言うほうだが、聞くほうも黙ってはいない。そんな議論を聞きながら、そこに、事実や真理が見えてくるように思えることが多い。

同じ事件についても、見解や解釈は多様にあることがわかる。これに比べて、日本人はすぐ、公的立場の人たちですら、感情的になり、うらみやしこりが爆発する。「俺に対してその口のききかたは何だ」「人の前でこれみよがしに言わなくてもいい」「自分を誰だと思っているのだ」「そんなことが通じると思うか」「分際を知れ」と圧力がかかるばかりである。ここではとりあえず、男性の口調を記したが、女性の場合も、陰にこもることを除けば、同様である。議論の内容やロジックではなく、誰が自分に何を言い、自分がどう傷つけられたかという私情にとらわれて、強い自我コンプレックスを示し、何が議論されていたかはすぐさま棚上げとなる。自我が弱く、育成されていないので、本論などどこかへ飛んでしまって、自我の防衛と相手の攻撃に専念する。自分の思いを持ち、反芻し、これを言語化し、その思いを体外に持ち出すということが、日本人の大半にまだ体験されていないとわたしは思う。すべてが胸三寸におさめられていると言おうか、そのため、行動が無意識にそそのかされることになる。これに比べ、自我が強化され、柔軟性が持てるようになれば、他人が異なった意見を持つことも当たり前で、必ずしも、自分を攻撃しているわけではないことが見えてくるはずだ。

英国の成熟・洗練されたロジックがいかんなく表現されている。しかしこれまた論考が進むにつれ、

二〇一一年の東日本大震災でも経験したように、日本は自然に守られていると同時にその脅威におびえ、常に侵害・侵食の大被害を受けてきた。そこから、いたずらに文句を言ったり、政府を非難したりするのではなく、市民が一致団結して非常時に耐えて対処するという、英国からみると信じられないような、整然とした文化が育ち、今にいたっている。これは有効にして、価値ある文化である。しかし、また、同じ理由から、記録を尊重せず、明確な観点を定めず、「すべてが水に流れていくのだから」という便宜的な人生観が育っているとすれば、一考に

価する。この無常という、万物流転の考え方は理想にこだわるでもなく、失望のどん底に落ちるでもなく、ただ流れ続けて中道を適宜生きることを可能にして、日本人の感情を支える文化の特徴の一部となってきたようにも見える。

と述べる。世界中が尊敬のまなざしを向ける日本人の特性を表現しつつ、しかしそれにとどまることなく、その影の部分への言及も怠らない。さらには、

わたしは正直に言って、日本人の習性からなのか、自分の無能さからなのか討論が好きではない。特にエロスを欠く討論は人間をただ骸骨にするだけで、大切な血肉が失われるような気がする。英国では徹底的に調査することをleave no stone unturnedという。こういう態度が英国人とのおとぎ話の研究会でとられたとき、わたしは「少し、石をひっくりかえさないで残しておくほうがいい。そこまでやるとなにか大切なことが失われるような気がする」などと発言したこともある。今もそう、思う。重箱のすみをつつかずに残しておけば、そこに何か新しい可能性が出てくるようにも思う。しかし、だからといって、都合の悪いことにふたをして、きれいごとを言ったり、水に流したりしていたのでは、ユング心理学でいう「影」をのさばらせることになる。「影」を水面下にのたうちまわらせたままで、表面上の平和と自由を本物と取り間違えていると、日本は、世界の人たちと太刀打ちできないことになる。自然の本能が病んだ、形式ばかりが強い文化を上塗りしていくことになる。「自分の主張」「我を通すこと」は本能的なものだと思う。平和は知らぬ存ぜぬでは維持できない。大きく意識の目を開き、生命をかけて戦い、守り通すものだとわたしは思う。

と述べる。「重箱のすみをつつかずに残しておけば、そこに何か新しい可能性が出てくるようにも思う」にとどまらず、日本的心性の弱点を見事な筆致で喝破・論述している。この論述も本書を大きく支えるものである。

ヴァイス論文においては、彼女がスイス人のユング派分析家であるにもかかわらず、『歎異抄』、日本の昔話、夏目文学などが取り上げられている。日本に興味を持ってくださっているユング派分析家は少なくないのであるが、ここまで本格的に取り組んでいるのはヴァイス氏をおいて他にあろうか。名取が後述しているように、スイスのユング研究所においてヴァイスと名取は共同セミナーを毎年行っている。名取の貢献も称賛に値する。

ヴァイス論文の「日本の昔話では、主人公の旅に出る理由が不明確である」くだりなど、日本人が日本昔話を読む分には当たり前過ぎてうっかり見過ごしてしまう指摘である。

日本が西洋の文物を研究することは大通りをまかり通っている。しかし、その逆は極めて稀。ドナルド・キーンやラフカディオ・ハーン、ルース・ベネディクトなど優れた業績は多々あるものの、西洋の心理療法家でここまで深く日本にコミットしてくださっている方は、他には、本書に寄稿があるシェリー・シェパードくらいのものではないか。まことにありがたいことである。

ヴァイス論文に戻る。

親鸞の大きな門を開けるつもりなら開けようと試みるだろうが、自分たちの持っている鍵では開けられない場合、これまでのいわゆる「門（the One Gate）」から、現代の自分たちがなんとか開けて通れる小さな門や扉（small gates and doors）へと、対象とする門自体を変えてしまうのである。現代において仮に門というものがあるとしたなら、それは自分自身の門で、それを現代人はくぐるのである。
これは、「大きなイニシエーション」が失われた現代において「小さなイニシエーション」を大切にしていかねばならないことにつながる。
日本的心理療法を考える上では、以下の記述が見られる。

「昔、三年もの間、昼も夜も眠ってばかりいる一人の若者がいました。その間ずっと、年老いた母はわが子が腹を空かせないように、いつもその若者の面倒をみていました。」

この様子は、日本における分析家とクライエント、あるいは分析家と被分析者との関係を描いているように思われる。筆者にしてみれば、このような被分析者が実にうらやましい。かつて、筆者が分析を受けた時は、幾度となく眠りや夢から揺り起こされたものだった。分析では、これまでの人生における楽しかったこと、そして、とりわけ楽しくなかった出来事と向き合わねばならなかった。こうした大変な作業を経て、完全な意識化の状態に達したことがなければ、「浄土」には到達できないはずだった。しかし、日本の昔話に登場する英雄たちは、いとも簡単に、かつ無意識のうちに事が進んでいるように思える。

河合隼雄の「物言わぬ分析」の重要性の説明ともとれる。が、ごく最近において「物言わぬ」のみでは日本においても心理療法が通用しにくくなってきていることも事実である。私（秋田）が心理療法を始めた三十年前と今とでは、日本人も少し変容してきている。ほんの少しずつではあるが、西洋との混交は進みつつある。とはいえ、いまだ「物言わぬ分析」の重要性は失われていない。ごく深層においては、日本人的心性にさほどの変化は見られない。

次の名取論文に以下の記述がある。

「日本の人たちは、本当にこの神話（『古事記』・『日本書紀』）を信じているんですか？」と質問された。そこではたと気づかされたのである。日本ではアマテラスもスサノオも信じる必要がない。影響を薄々意識していることもあれば、あまり気づかないまま自然に受け入れていることもあるのだが、信じる信じないを問題にしなくても、神々は自然のままに生きて活動しているではないか。

「信じる必要がない」とは卓見である。この先には、私の提唱する、日本における「」思想（あえてごく単純化して言えば、GODよりはるか深層に、名付けさえできない「」とでも表記するよりほかにない、まさに「隠された」何者かがましますという仮説）がある。が、このことについては長い説明を要するので、別書にて表現する予定である。

第六章に収められているシェパード論文の中の「アメリカでの場合よりもはるかに、内界は秘密とされ、隠されている」という言葉もまた、「」思想、へと通じていく。

名取論文に戻る。

日本人として日本文化の恩恵に浴しているうち、日本的な感受性や精神文化、東洋的な伝統に関して、当然自分にも備わっているかのような自信を持ち、甘えてしまってはいないだろうか。確かにこうした文化的伝統は骨の髄まで染みこんでいるかもしれない。しかし、自分にとっての意味を充分意識化できているだろうか。なかには日本的なものが存在しないかのようにふるまう態度も時に見受けられるが、これも意識化の努力をしないのであれば一つの「甘え」であろう。

また逆に、西洋の伝統や考え方や感じ方に対して、肯定的な関心を向け、尊重できているだろうか。どこか「当たり前」のこととして、それ以上意識的に問いかけたり、確認したりする作業が疎かになってはいないかが懸念される。

日本的なものなど突き詰めて考えれば存在しないなどと、極論を述べる一流と称される研究者もいるが、私に言わせれば日本的なもの、西洋的なものは確かに存在する。それをどう記述するか、できるか、が問題となるのである。

第七章の遊佐論文において、

西洋のサイコセラピーの振り返りを通しても、西洋的なものの見方の影響の中に東洋的なものの見方の影響も無視できない。このような変遷はより効果的な臨床、そして心理的理解の探究の影響が大きいと思われる。そのような意味から、日本の心理臨床は西洋の影響から始まっているかのように見えるが、逆に、その中に東洋的な智慧がどのように生かされるか、興味深いところである。

との記述がある。これは日本の心理療法シリーズ全巻を通してのテーマでもあり、遊佐がこのように言語化してくださっているのは本シリーズの意義を強調してくれているごとく感じ心強い。

最後に吉村論文。

農村部の暮らしのなかには、近代的な精神科医療とは異なったフレームをもつ価値基準が存在しており、その一例としては、人々が人生の節目を迎えた時に訪れる「拝み屋」の存在があげられる。「拝み屋」とは特定の宗教団体に属さず、個人として悩める老若男女の相談に乗ると同時に、祈祷やお祓いを行う人たちであり、一種のシャーマンである。筆者の相談者のみならず地元の専門職のなかにも少なからず「拝み屋」を信奉している人たちが存在しており、「拝み屋」は人々の暮らしのなかにごく自然に溶け込んでいた。実際、筆者が話す言葉が「拝み屋さんとそっくりだ」ということである相談者から多大な信頼を寄せられたこともある。

彼の場合も耕地整理をきっかけとして被差別感情が刺激されたという経過がある。彼の口癖は「わしはこの村を一度も出たことがない、南座に行ったこともちらし寿司を喰ったこともない、浪曲を聴いたこともない」というものであった。保健師と共に、筆者も定期訪問を繰り返したが、その際には浪曲のテープを持参して一緒に聴いたりした。最初に浪曲のテープを聴いた時に、彼は口を開けて大きな声をあげて笑ったが、そのような笑顔を見たのは初めてであった。彼にとっての豊かな暮らしとは、自分の苦労が労われ、時には浪曲を聴き、ちらし寿司を食べるという暮らしであり、その暮らしが共同体のなかで確保される必要があったのかもしれない。

これらの記述から当時の農村部の様子が手に取るようにわかる。と同時に、吉村の持つ気遣い、やさしさ、弱者の視線を大切にし切る力強さ、治療者としての資質の高さ等が生き生きと伝わってくる。

日本の近代化は風土の桎梏のなかから異質な顔を現していくという形で達成されたと思うのだが、それに対して、欧米的な精神科医療やリハビリテーションはやはり個人主義が色濃いものである、個人主義的な自我を前提としたものであると思う。では、どのようにしていくのか。これは筆者がソーシャルワーカーでもあるからかもしれないが、その時代の地理や政治や文化を含んだ暮らしのなかで、また、様々な暮らしの形態が錯綜しているなかで、その人の自己のあり方を感じて関わっていくこと、すなわちフィールドに入っていくことがやはり重要であると考える。もし、日本的なるものが存在するとしても、その時代の地理や政治や文化から独立した心性として存在するのではない。また、その前提のもとで、人々の暮らしの現実を捉えていく必要があるのではないだろうか。

吉村論文のキーワードは「風土」である。この語を用いつつ、日本の近代化、欧米の近代化が論じられた上で「日本的なるもの」への言及で締めくくられている論述には深みがある。日本的なものの存在を簡単に否定も肯定もしない、この態度こそ、本研究に必要とされる要《かなめ》である。

本書は、共編者たる名取琢自の多大な尽力無くして成立し得なかった。また、翻訳にかかわってくださった松本寿弥さん、芝田和果さんには心よりの感謝を申し上げたい。そして、鈴木宣行さん、立石尚史さんをはじめとする研究支援課の方々、臨床物語学研究センターの樋上夏さんにもお礼申し上げる。

最後に、この巻でもさまざまにお助けくださった新曜社の森光佑有氏、塩浦暲氏にお礼を申し上げる。

二〇一七年七月

秋田　巌

人名索引

◆ら　行

事項索引

◆た　行

執筆者（登場順）

ポール・クーグラー（Kugler, Paul）

ユング派分析家。チューリッヒ・ユング研究所で訓練を受け、バッファロー（ニューヨーク）で開業。国際分析心理学会元事務局長。著書は『Jungian perspectives on clinical supervision』(Daimon)、『言葉の錬金術：元型言語学の試み』（どうぶつ社）など。

樋口和彦（ひぐち　かずひこ）

同志社大学大学院神学研究科修士課程、アンドヴァー・ニュートン神学校大学院修士課程、博士課程修了。神学博士。同志社大学教授、京都文教大学学長、日本ユング心理学会会長などを歴任。著書は『聖なる愚者』（創元社)、『ユング心理学の世界』（創元社）など。

佐山菫子（さやま　きんこ）

ユング派分析家。チューリッヒ・ユング研究所やロンドン・IGAPで訓練を受け、開業。二十五年以上をロンドンで過ごし、研究所での講義やユング派心理分析・心理療法に従事。2014年帰国。著訳書は『ユング：その生涯と心理学』（新曜社・訳)、『パーソナリティの心理学』（新曜社・共訳）など。

ウルスラ・ヴァイス（Weiss, Ursula）

ユング派分析家。京都文教大学客員研究員。論文はColonization and Decolonization seen from the viewpoint of Analytical/Jungian Psychology（『東洋文化』89号)、The Tales of Ise：An approach from the viewpoint of psychology（『京都文教大学臨床心理学部研究報告』9号・共著）など。

シェリー・蓮夢・シェパード（Shepherd, Sherry Renmu）

ユング派分析家、箱庭療法家。University for Integrative Learningにてトランス・パーソナル心理学（仏教研究専攻）の博士号取得。国際箱庭療法学会、アメリカ箱庭療法学会正会員。1997年に高野山真言宗阿闍梨となる。著書は『高野山夢の導き夢の山：米国心理療法家の密教修行記』など。

遊佐安一郎（ゆさ　やすいちろう）

ニューヨーク州立大学オルバニー校大学院博士課程修了。教育博士。現在、長谷川メンタルヘルス研究所所長。著訳書は『弁証法的行動療法の上手な使い方：状況に合わせた効果的な臨床適用』（星和書店・訳)、『境界性パーソナリティ障害ファミリーガイド』（星和書店・監訳）など。

吉村夕里（よしむら　ゆり）

同志社大学文学部を卒業後、精神保健福祉士・臨床心理士等として現場に従事。立命館大学大学院先端総合学術研究科博士課程修了。博士（学術)。現在、京都文教大学臨床心理学部教授。著書は『臨床場面のポリティクス：精神障害をめぐるミクロとマクロのツール』（生活書院）など。

編　者

秋田　巌（あきた　いわお）

高知医科大学卒業。博士（医学）。精神科医、臨床心理士、ユング派分析家。現在、京都文教大学臨床心理学部教授、臨床物語学研究センター長。著書は『さまよえる狂気』（創元社）、『人はなぜ傷つくのか』（講談社）、『写楽の深層』（NHK 出版）、『A Japanese Jungian perspective on mental health and culture：Wandering madness』（Routledge）、『うつの人の風呂の入り方』（晃洋書房）など。

名取琢自（なとり　たくじ）

京都大学大学院教育学研究科博士課程単位取得満期退学。国際箱庭療法学会（ISST）ティーチングメンバー、臨床心理士、認定スポーツカウンセラー一級。現在、京都文教大学臨床心理学部教授。著訳書は『ユング「赤の書」の心理学：死者の嘆き声を聴く』（創元社・訳）、『高野山夢の導き夢の山：米国心理療法家の密教修行記』（創元社・訳）、『リアリティの変容？：身体／メディア／イメージ』（新曜社・分担執筆）など。

新曜社

日本《にほん》の心理《しんり》療法《りょうほう》　国際《こくさい》比較《ひかく》篇《へん》

初版第 1 刷発行　2017 年 9 月 7 日

編　者　秋田　巌・名取琢自

発行者　塩浦　暲

発行所　株式会社　新曜社

〒101-0051　東京都千代田区神田神保町 3-9
電話(03)3264-4973(代)・FAX(03)3239-2958
E-mail：info@shin-yo-sha.co.jp
URL：http://www.shin-yo-sha.co.jp

印　刷　亜細亜印刷株式会社
製　本　イマヰ製本所

ISBN 978-4-7885-1530-7 C3011

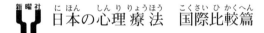